蒙台梭利之日

合理规划孩子的一日生活

【法】奥黛丽·素绮 著
范炜炜 译

湖南教育出版社

图书在版编目（CIP）数据

蒙台梭利之日：合理规划孩子的一日生活 /（法）奥黛丽·素绮著；范炜炜译. —长沙：湖南教育出版社，2019.5
书名原文：Une Journee Montessori
ISBN 978-7-5539-6920-6

Ⅰ. ①蒙…　Ⅱ. ①奥… ②范…　Ⅲ. ①儿童教育—家庭教育　Ⅳ. ①G781

中国版本图书馆CIP数据核字（2019）第086531号

Mengtaisuoli Zhi Ri Heli Guihua Haizi De Yiri Shenghuo
书　　名　蒙台梭利之日：合理规划孩子的一日生活
责任编辑　陈慧娜
责任校对　胡　婷
装帧设计　李文轩
出版发行　湖南教育出版社（长沙市韶山北路443 号）
网　　址　www.bakclass.com
微 信 号　贝壳网教育平台
客　　服　0731-85486979
经　　销　新华书店
印　　刷　深圳当纳利印刷有限公司
开　　本　787 mm × 1092 mm　16 开
印　　张　15.75
字　　数　180 000
版　　次　2019 年5月第1版
印　　次　2019 年5月第1次印刷
书　　号　ISBN 978-7-5539-6920-6
定　　价　68.00元

我们都知道，养育孩子绝非易事。用我太太的话说，这是一场考验我们应对失序场面及未知情形能力的测试，其应试技巧是任何一所大学都不曾教授过的，因此对于成绩我们往往惴惴不安。每当想要形容某件事情并非想象的那么困难时，我们不是拿航天科技或脑外科来做类比，而是说：“好啦，总比养孩子容易吧……”

阿尔菲·科恩（Alfie Kohn），
《无条件地爱我们的孩子》
（Aimer nos enfants inconditionnellement）

面对孩子就如同面对生活中的很多情形一样，我们应当遵从孔夫子的思想：既来之，则安之。

桑德琳·堂泽尔（Sandrine Donzel）

目　录

选择积极教育 1

为人父母：一门困难的艺术 3

积极教育益处多多 7

蒙台梭利：充满启迪的教育法 14

在日常生活中实践 23

家中的一天

和谐的晨间 41

养成晨间好习惯 41

布置合适环境 52

积极教育从早餐开始！ 62

细节改变一切！ 69

愉快用餐 77

让孩子进厨房！ 77

开饭啦！ 93

趣味活动 105

我们玩点什么？ 105

手的智慧与日常挑战 108

全家总动员，打造舒适家园！ 113

培养灵活度和专注力的活动托盘 120

布置便于孩子活动的公共区域 126

舒缓的晚间 143

全家聚在一起交流 144

安静氛围与平缓活动 148

放松身心的洗漱时刻 153

晚餐时间 162

上床时间 166

愉快共处的温馨家庭 171

做好规矩而不是提出禁令 171

注意自己的言辞 174

日常小摩擦还是情感大危机 177

与祖辈在一起 191

在路上、幼儿园里、学校里，等等 195

日常生活中的得力助手

实践舒适生活哲学 203

家庭/工作平衡点 203

享受当下，追求简约 206

对日常生活的几点想法 207

积极饮食 216

不宜过多摄取的食品 217

优化购物车内容 225

重新审视盘中餐 232

喝起来！ 233

没错，我们的孩子都有超能力！ 237
致 谢 241
No Milk Today! 243

选择积极教育

第三季度的扫描检查结束了。我阅读了大量相关书籍，确保自己的孕期能够处于最佳状态，直到孩子出生的那一刻。是时候寻找最佳方式来抚养我自己的孩子了。从《训练活蹦乱跳的小生命》到《培养稀世珍宝》，我购买、借阅、精读、批注、折角过无数本育儿读物，其中涉及各种流派的理念。有些书籍让我觉得很无聊，甚至有些愤怒。另一些则完全颠覆了我的原有想法，让我有一种醍醐灌顶的感觉。但我当时还没意识到，只要孩子尚未降临，一切都只是纸上谈兵。我们需要与这个新的小生命共同磨合很长时间，才能真正“实验”出最佳亲子关系，才能完全明白孩子、父亲、母亲这些概念的真正意义。我们常常会摆错自己的位置，或是“用力过猛”，期待时刻做到完美无缺。

而追求“做好”（或者有时候只是“怎么做？”）的过程是永无止境的。我的书柜里堆满了如何处理亲子关系和如何认识孩子这一新生命的书籍，却忽略了他明明就跟我住在同一屋檐下！

跟所有家长一样，我幻想着自己的孩子灵活、有趣、热情、开朗、亲切、聪明、贴心……但我面对的，却是需求度极高的孩子，他们总是挑战我的情绪底线，总能让我灰心丧气，任性起来令人忍不住火冒三丈。看看书店里“亲子教育”专区的人群，再听听许多三十几岁的家长们在谈论的话题，我当然知道自己的情况不是个例：所有父母都在寻找理想的育儿方法！很有趣的是，我常常观察同为父母的朋友们在家中都放着什么书籍，以此推断他们亲子关系处理得如何：《拥有一个幸福的童年》《高效的父母》《六岁定终身》《从前我有自己的生活，现在我只有孩子》《无剧本的科目》《他来找我了！》《懂得平静地说不》《我都试过了！》，等等。光看书名就很能说明问题了！

今天的我们已经明白，并不存在一本毫无差错的育儿指导书，这也是一大幸事。每个孩子、每位家长、每户家庭都是不同的，每个人都有自己的成长方式，有各自的求知欲望、灵感源泉、美妙邂逅和学习过程。

事实上，我们并不是在孩子出生那天就成为“父母”的。我们远远不够格！孩子是会互动的生命，他们会不断发展变化，需要我们懂得跟随节奏——是跟着孩子的节奏走！为人父母是一个学习、提升和发展的过程，这既是对我们人生的回顾，也对未来有所助益。我们还能体验到更深层次的愉悦：在孩子身上我们可以展现最完美的自己！让我们好好利用家长这个身份，进一步完善自我吧，这会使我们作为人本身也有所提升！教育孩子的同时也在“教育自我”！

在大量翻阅书籍、参与有意义的讨论、结合多重反思和经验之后，我收集了许多有用信息和切实有效的建议；我对教育法产生了浓厚兴趣，了解了人脑的发育机制，也明白了非暴力沟通、饮食、睡眠及天然药物等方面的重要影响。

我不是婴幼儿教育专家，也不是心理学专家。我的唯一经验便来自自己的母亲身份，我非常愿意将自己成长和养育孩子过程中的各种发现与大家分享。希望它们可以帮助您营造最理想的亲子关系。

为人父母：一门困难的艺术

“那天，我看着自己的孩子，不禁对自己说，我没有成为想象中的那种好母亲。一切的一切都不是按照我预想的方式展开的！”《杀心慈母》（*Serial Mother*）里的这句台词让我不禁莞尔，但是我可以理解，这句话会在很多父母当中引起强烈共鸣。抚养孩子是一项无比艰难的任务，（而且其困难程度被严重低估！）年轻父母们常常会被折磨得疲惫不堪。

而看看现状，我们会感到难以理解的矛盾：家庭教育方面的书籍长期霸占书店排行榜前列，各种教育类讲座培训座无虚席，亲子类电视节目、杂志和网站从来不愁关注度，早教学校层出不穷——亲子教育似乎变得异常重要！

那么，教育孩子是否更加困难了？还是说在近几十年社会经历深刻变迁后，人们看待教育的方式也有所不同了。

活泼的家庭氛围，成员位置的改变

自20世纪70年代以来，家庭成员们便在经历传统位置的改变。

告别权威式家长制，爸爸回归家庭！分担家务、陪伴孩子、去学校或幼教机构接送孩子，与我们当年的父亲相比，如今的爸爸们倾注了更多时间在家庭生活当中。无论这只是美好的愿望及/或一种夫妻分工的“调整”，事实上会令爸爸们在与子女相处的过程中更加温和、舒缓、理性和亲切。

相反，妈妈们则往往“身兼数职”。比起老一辈人，如今的妈妈们拥有更加积极忙碌的社交和职业生活，不再一门心思扑在家庭上。多重身份和任务让妈妈们变得更有权威却耐心不足，陪伴孩子的时间也相对较少。为了追求多方平衡和完美，大多数妈妈都忙得四脚朝天，希望兼顾到方方面面，总觉得自己做得还不够。

此外，家庭的新建和重组会带来不同的变化。随着新成员的加入，每个人的角色也在不断调整：岳父岳母、公公婆婆、叔叔嫂嫂，当然还有宝宝！

更为复杂的是，这种家庭成员位置的变化还会“偏离路线”，大家不仅依旧坐在自己的座位上，还坐了旁边那个人一半的位置！当然，我们不能在孩子面前扮演过于狭隘的角色（好/坏、专制/放任……）。但不得不承认的是，我们有时也会失去理性，不清楚自己应该以什么样的姿态面对孩子。

如今的孩子与我们小时候有所不同

“啊，现在的这些孩子呀！任性、好动、叛逆……”这样的批评和指责一代接一代地延续着！科技进步、节奏加快、不断复杂化的环境、更多的话语权和行动权，所有这些都是改变孩子行为的因素，唯有如此他们才能适应自己所处的时代。无数文献都已证明，上一代人总会对下一代的变化表现出不理解，我们的祖辈也是这样看待我们父辈的。

我们会很有趣地发现，人们总是善于遗忘教训，每一代人都会觉得自己的孩子是最难教育的一代。

孩子已成为理性选择的结果、锦上添花的作品

生育孩子越来越成为一项周详的计划，父母会关注每一处细节，力求把一切准备妥当。夫妻双方往往是在万事俱备的情况下才选择生孩子，因此子女的到来无疑是对他们原本完美生活的锦上添花。而这个父母做好万全准备迎接来的小生命也应当逐渐拥有坚实的臂膀！

为人父母所需的心理和情感要求相当复杂多样，而以下行为是我们无意识都在做的（可能说中一种或好几种情况……）。

★ 由于对孩子的未来充满焦虑，唯恐孩子长大成人后遭遇各种艰难险阻，家长都希望孩子从小掌握多项技能：英语启蒙、阅读写字、柔道、网球或国际象棋等许多课程应接不暇。

★ 希望通过孩子弥补自己幼时的遗憾（可能是自己童年缺少陪伴，或被剥夺过一些需求），因此给孩子过度充实的物质条件，且时刻准备着满足孩子的各种愿望。

★ 由于父母无法接受孩子经历失败，因此往往会对孩子过度保护，甚至严重影响到他们基本自理能力的发展，在生活中总是对孩子的事情大包大揽。

★ 此外，父母还喜欢极尽夸大之能事，为增强孩子的自信心不惜使

用各种吹捧的词汇，无论孩子做什么都一味表扬，这样其实会妨碍孩子真实自尊心的形成，只会令其盲目自大。

* 视孩子为全家最大的希望（因为自己的人生过得并不理想，或者单纯因为我们这一代生的孩子没有上几代多），总是认为自己的孩子有高人一筹的能力。这也是我们赢得别人赞美和崇拜的噱头！

不得不承认，我们为孩子付出了全部心力，所有父母都有意无意地憧憬着拥有这样一个理想状态的孩子：漂亮、聪明、健康、有趣、八面玲珑……而这种孩子必定来自一个理想的家庭！它应该是一处充满和平与关爱的港湾，尽管外面的世界纷繁复杂，这里始终处于幸福之中：媒体上天天呈现的安乐小窝，社交网络里随时可以窥见的理想榜样。

Facebook，Instagram以及大量博客文章中传递的完美家庭、全能母亲、可爱听话的小孩等画面，常常让我们误以为真实，却忘记了这只是“幼教及心理自助专家们”精心设计的标准形象。对于时常陷入沮丧、焦虑和失望情绪的母亲们而言，“频繁登录社交网络将加剧她们在日常生活中体会到的挫折感”，她们只会越来越觉得自己在人际交往和自我成长过程中是失败者。“因为从此以后，她的人生成功与否不仅取决于她的个人发展，还由孩子的成长情况决定。而她费尽心力为宝宝制作亚麻衬衫，或是一边帮孩子脱围嘴一边给自己梳头时的辛苦和慌乱却无人关心。”

所有这些都证明，在今天这样的环境下，为人父母无疑是艰难的。为亲子关系的深刻变化做好充分心理准备，这是面对挑战的第一步。而这就要求我们重新定义自己的角色，打造一种缓和真诚的亲子关系。

积极教育益处多多

最近几年，积极教育（又称亲切教育或尊重教育）之风非常流行。这种教育理念基于以下原则：孩子并不是浓缩版的成人，他们拥有的并非“次级权利”和“次级能力”，他们是一个完整的个体，必须得到应有的尊重。这也是社会自然发展的一个趋势，民主普及到各个阶层，每个人都能得到平等对待（男人/女人、老板/员工、执政者/公民……）。

按照这样的原则，成人不能“指挥”孩子，而是用同理心和聆听的态度陪伴孩子。成人不应去试图为孩子的行为指引方向，而是为其营造一个足够丰富和谐的环境，让他自由自信地完成自我发展、学习社会生活中的核心价值。

积极教育建议家长摒弃强调强制性、权威感或放任主义的教育态度，转而以孩子的需求为本，关注孩子的情感与安全，尊重并认同孩子经历（或遭遇）的情绪和感觉，时刻准备着为他们提供必要支持。这种教育理念在满足孩子自主愿望的同时，也会在其发展和提升过程中形成必要的规则和界限。

在日常生活中，积极教育表现为态度、话语、处理冲突的方式、聆听和不断提出质疑。总之，这是一种借助大量工具实践的生活哲学，旨在成就整个家庭的幸福。

积极教育理念源自为成人设计的多门学科。非暴力沟通（CNV）就属于其中的一部分，其核心内容主要用于加强亲子关系并在各方建立互相尊重的氛围。非暴力沟通概念的提出者马歇尔·罗森伯格（Marshall B. Rosenberg）将其视作个体“克服内心冲动、无偏见地观察世界、区分情感与需求、清楚提出要求且鼓励有利于生活和谐的关系”的能力。

纸上的理论往往都是清晰的。当我们窝在沙发上平静地阅读这些概念时，都会觉得很有道理。但真的当您的孩子在您打电话时故意捣乱，或者反复打翻杯子的时候，您的大脑就会短路，整个人仿佛即将变身成绿巨人一样。做亲切的父母并非易事，我们要学习坚持这种态度和语言模式，就像学习另一种语言和文化一样从头开始。这个过程需要很大毅力!

神经科学的佐证

最近四十年神经科学领域的大量经验和发现都充分证明，积极教育对人的和谐发展大有助益。卡特琳娜·盖冈（Catherine Gueguen）、丹尼尔·塞吉尔（Daniel J. Seigel）和提娜·佩恩·布里松（Tina Payne Bryson）等优秀专家向大众发表的许多科学研究成果无不证明了这一点。通过普及儿童大脑的发育和作用机制，他们的著作会让您仿佛手捧着孩子的（精彩的）“技术说明书”。在这些书籍里谈到的各种发现当中，以下几点我尤为认同。

孩子的大脑发育过程会一直持续到25岁！

孩子在刚刚出生时，大脑是生涩、脆弱和柔软的，但其作用功率已经相当大。每一秒钟，随着孩子的各种体验，大脑里都有数百万的神经元连接。想要充分利用大脑这一惊人的可塑性，成人应该为孩子创造充满各种体验元素的丰富环境。

您是否知道，我们不止有一个大脑，而是三个：原始脑，用于管理

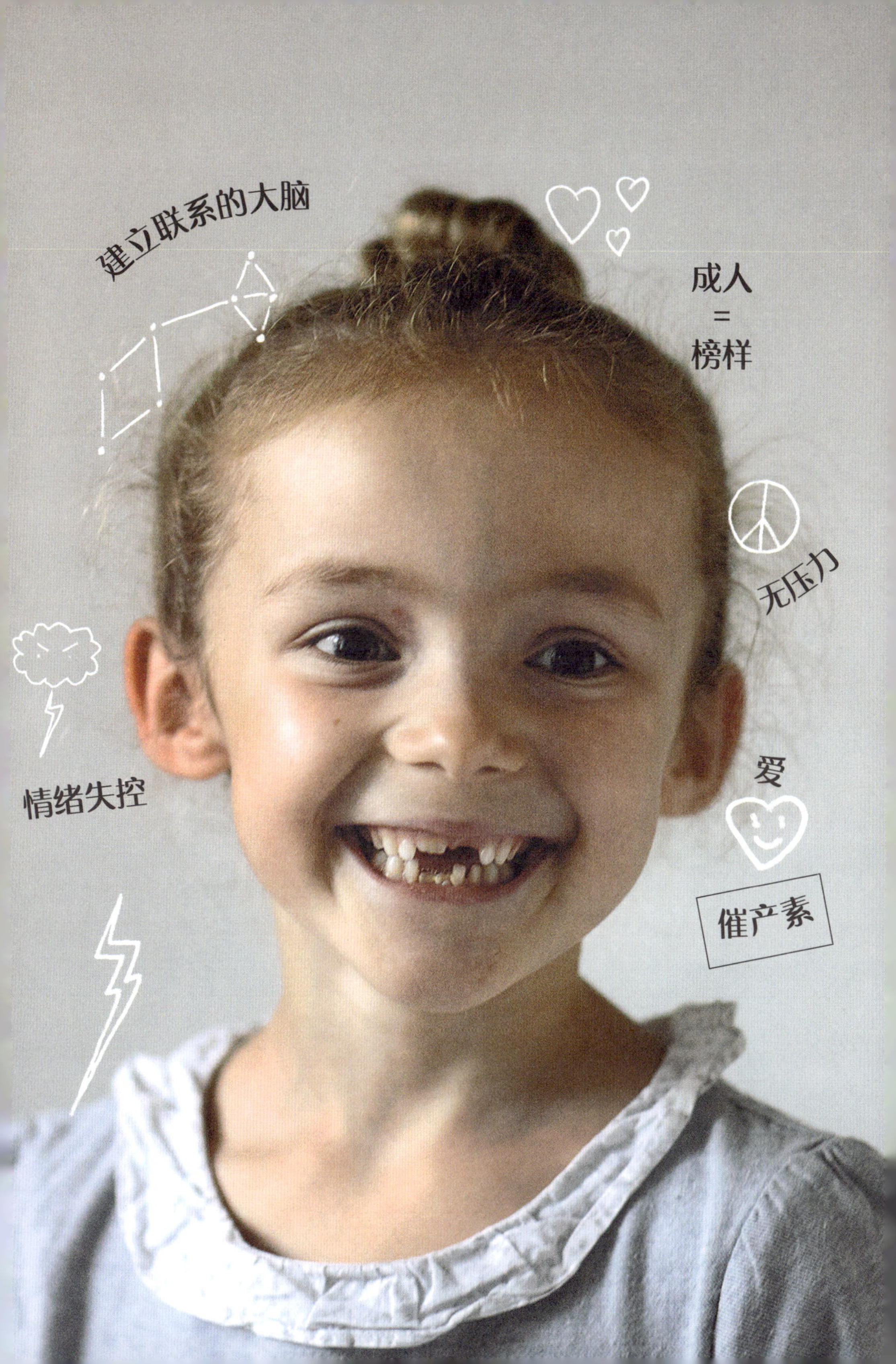
建立联系的大脑
成人
=
榜样
无压力
情绪失控
爱
催产素

生理活动（呼吸、心跳等），并在遇到压力的情况下做出本能反应，如逃跑或攻击；情绪脑，让人感受到各种情绪，并调节原始脑传递的信号；高级脑，用于认知活动（语言、学习、动作、感官体验、推理、创新，也包括同理心、自我认识，等等）。

三重大脑会随着孩子的成长逐步发展。促进良好发育的重要一环，便是让三重大脑以综合平衡的方式（如避免因受到情绪支配采取激进行为、做出非理性决定或完全脱离情感的决定）共同发挥作用。这就需要我们在日常生活中不断教育和训练孩子，家长此时的陪伴作用相当关键：要向他们解释大脑的作用规律，并且提供满足各种生活需求的实用工具。丹尼尔·塞吉尔提出了思维阶梯、意识轮盘、远程精神控制及“心智直观”等多种教育方法，可以使孩子的大脑学习过程大大简化。

成人，孩子镜像神经元的模仿榜样

每个孩子出生时都带有自己的个性，而他周围的成人则会通过其镜像神经元对他的行为产生不可估量的影响。科学家们已经观察到，只是看到某人的动作就会激发我们的镜像神经元，促使我们模仿该动作或解码其中的情绪。而且我们常常可以发现，面对打哈欠的人，自己也想要打哈欠；见到有人喝水，自己也觉得口渴；等等。大家不是常说大笑和压力都是会传染的吗？没错，这就是镜像神经元在起作用！

因此，孩子在通过镜像神经元展开学习时，所有成人都是孩子的榜样，无论好坏。不管我们做什么，孩子都会观察和模仿，试着完全复制我们的动作和情绪。了解这些之后，我们就应当在行为、语言、需求和情感表达上做出表率，明确自己正在向孩子传递些什么。

没有所谓的“任性”

孩子在六七岁前常常陷入情绪风暴当中，这是因为帮助他们分析情势、排解愤怒的大脑功能还没有发育完全。因此，虽然他们的悲伤、恐惧和怒火看似无法平复，但这并不是什么大灾难，就像我们时常听到的：他们的情绪脑与原始脑直接相连，前额叶皮质还没开始发挥过滤作用！

孩子别无选择，只能如此。在这种情况下，责怪他们，或者要求他们不要哭、不要怕、不要发火，都是无济于事的。这就像你强行要他撑杆跳过4.28米的高度，或是解一个含三项未知数的等式一样，他是不可能做到的。

当然，这并不表示我们必须满足孩子的一切要求，只是要大家明白，由于大脑尚未发育成熟，孩子无法时刻保持情绪稳定。我们要尽量怀着同理心去陪伴孩子（通过面部或肢体语言传递亲切友好的态度和支持），帮助他度过情绪和情感困境，促进他的大脑和谐发育。

您是不是想说真正要做到这些很不容易？是的，即使像丹尼尔·塞吉尔这样的教育大家也完全承认这一点，他不无幽默地鼓励道：“那些您努力在忍受的时刻也正是孩子快速发展的良机。”

压力会损害孩子的大脑

近几年来，我们对压力的相关机制了解得越来越多。压力产生自成人的理性行为，可以给予我们“一股动力”，是推动我们面对现实的能量。但如果压力过大，我们就会感受到负能量，从而滋生焦虑、恐慌及其他不适情绪和感受。

而对于孩子而言，压力应当尽量避免。研究表明，皮质醇（因压力生成的激素）水平过高会导致其数小时甚至数日滞留在大脑中，进而摧毁孩子的神经元，尤其是海马体和前额叶皮质内的神经元。因此，成人必须有意识地保护孩子免受压力，并且在有压力的情况发生时做好安抚工作。

* 在学校、幼儿园或家中，应当防止孩子遭受（语言或行为上的）侮辱，因为在这种压力状态下，海马体会收缩，学习机制会受到阻碍。相反，如果大人在孩子很小的时候就给予大量支持和鼓励，其海马体量会上升。
* 孩子（尤其是婴儿）在哭泣时一定要安抚。简单的一个动作就能帮助孩子的大脑生成强有力的“解药”——催产素（因爱生成的激素）有助于孩子缓和情绪。
* 打屁股、打手掌、对孩子大吼大叫，这些通通不可取！肢体和语言暴力会改变大脑神经回路，尤其是前额叶皮质内的回路，从而导致行为问题、焦虑情绪和沮丧心理。

证明积极教育优势的分子

催产素同时是一种激素和神经递质，它是一种与爱相关的分子，可以在大脑机制中生成各种舒适的反应和感受：提高脾气的稳定性、体验幸福感和愉悦感、减压、促进海马体发育（有助增强学习能力和记忆力）、强化人际关系与情感、培养同理心、加强自信心和合作意识，等等。

而催产素的形成有赖于舒适轻松的环境，这是积极教育才能营造的氛围：充满情感的肢体动作、关爱的眼神、温暖轻柔的话语、真挚诚恳的互动……积极教育鼓励家长悉心照顾孩子感受，安抚和确保孩子身心健康，从而促进这种宝贵神经分子的生成和反应。

卡特琳娜·盖冈表示："我们可能需要一段时间才能让这种认知（即神经病学方面的新发现）得到充分传播，进而改变人们的文化习惯。这一新知并不能使家长的角色得到简化，但可以让他们更有意识、更负任地审视自己与孩子相处的态度。"言简意赅、一语中的……

对家长自身亦十分有利

如果您已经无法忍受孩子的"任性"和坏脾气，如果老师不停向您告状，如果您每天早上送孩子上学之前都像打仗一样，如果您受够了同一件事重复说无数次，如果您的孩子总是争吵不休，如果孩子在家里表现得完全不配合，如果孩子无法安静地独自玩耍，那么，是时候采用积极教育方法了！

★ 孩子的行为就像一面镜子：您对他足够尊重，您说话的语气平静沉稳，您的话语里经常提到"我"而不是责备式的"你"，那么孩子也极有可能效仿您的这些优点！而需要特别注意的是，反之亦然！

★ 接受孩子的情感和情绪是积极教育的几大支柱之一，要在日常生活中坚持做到并非易事！悉心察觉孩子的某种情绪，懂得如何管理。

★ 用完全公平的态度表达，恰当欣赏其价值或适时帮助其摆脱错误观念，所有这些都是相当艰巨的任务。同时，这还要求我们循序渐进地赋予孩子强大的内在力量与智慧。

★ 积极教育会使孩子更懂得负责任：因为他会有意识地学会自立，了解自己行为的后果，从而自然而然地注意自己的言行，一旦发现错误或偏差就会懂得如何纠正。

★ 积极教育有助于培养孩子的自由判断能力。如果您善于聆听孩子的愿望、选择和期许，孩子也会学着聆听他人。人类的天性足够促使他在每个发展阶段顺其自然地习得适宜的活动方式。您从此不会再听到“我不知道该做什么，我很无聊……”这样的话，而是将看到孩子精力充沛、精神集中地去做自己感兴趣的事。

★ 积极教育强调亲子间的合作关系，从而有利于增强家庭归属感，令孩子更加尊重家庭环境与所有家庭成员。此外，孩子也会更乐于与家人互相帮助、互相支持。当您说出那句“快点哦，我们要迟到了”时，孩子会平静地答复一句“我来了！”

还等什么，现在就开始吧！

蒙台梭利：充满启迪的教育法

玛利亚·蒙台梭利几乎是小说女主角一般的传奇人物。她出生于1870年，在当时十分保守的意大利（医学院仅招收男性），她是史上第一位获得医学学位的女性。她曾于罗马一间精神病诊所任职，主要负责一群患有精神疾病的孩童，后来她转而进入教育领域。经过一系列的观察和实验，她坚定地认为，孩子自出生开始就拥有无与伦比的学习能力，只要我们尊重他们自身的规律和个性，这些能力就能充分发挥出

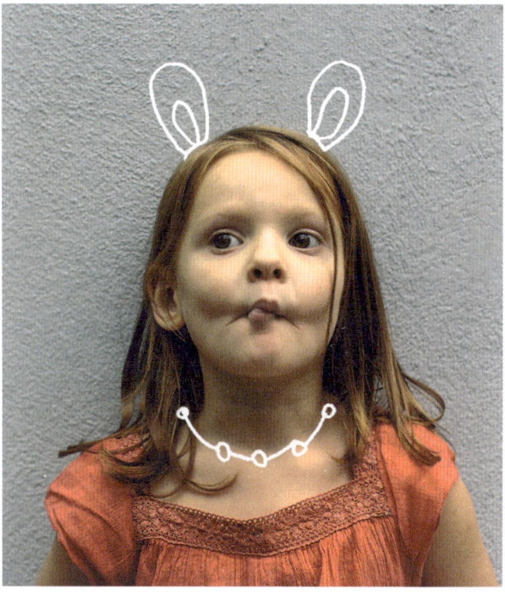

来。正是基于这一信念，她创立了自己的教学法，并在此后取得了世界范围内的巨大成功。

与我们此前对孩子的狭隘认知完全不同，这位人道主义学者确信（并证实了），孩子“天生”就能够和谐地自我发展，可以顺其自然地启蒙感官意识和智力，并寻求自我独立。在1936年举办的一场名为《活动中的孩子》演讲中，玛利亚·蒙台梭利十分谦虚地表示：“所谓‘蒙台梭利教学法’其实并不准确，这是一场直接起源于孩子的复杂且兼具社会属性的教育运动，我们成年人只是孩子的翻译而已。真正的导师，真正为他揭示社会中生命价值的人，是他自己。我们曾经以为，教育孩子就是教会他道理和原则，并纠正他的错误。但经验表明，恰恰相反，我们需要做的是为他营造适宜的氛围，为他的自身发展提供必要的支持，然后将自己作为平等的成年人融入与他的关系当中。”

这里我们可以非常具体地看到蒙氏教学法的根基所在，并且了解父母应当如何将这种方法运用到日常生活中。

蒙台梭利教育法的三大支柱

吸收力

6岁之前的孩子都会自然而然地吸收学习，这对他们而言，是跟呼吸和睡眠同样重要的需求。这就是玛利亚·蒙台梭利所谓的“吸收力”（从出生到3岁前为无意识的，3~6岁为有意识的）。她在观察研究阶段这样写道：“在这个年纪，人类会不知疲倦地活动，并且像吸收生存养分一样吸收知识。”

孩子会像一个小探险家一样，对一切事物都充满好奇，永远不知满足，可以在很长一段时间集中精神做某件事。在玛利亚·蒙台梭利看来，婴儿会伸手去抓周围环境中的一切事物，小孩童会通过一切眼前的物品锻炼手部并试图理解其间的联系，再大一点的孩子会有意识地选择一些有助于自身智力发展的活动。而且，他们在学习走路和说话时也都是自动自觉、积极主动且不惜一切代价的。他们还会自己尝试逻辑思维、模仿文明言行、运用身体各项机能、练习越来越精细的手部动作。根据教育学家的暗中观察，在布置完善、适宜的环境下，孩子也完全可以自主学习阅读、写字、数字、计算、地理，等等。

如今的神经学也确认了玛利亚·蒙台梭利关于“大脑可塑性”的观察判断：“从出生到5岁这个阶段，人脑每秒有700~1000条新连接诞生。每个图像、每次互动、每种事件，不管它们是多么稀松平常，都会在孩子大脑中连接神经元从而形成纤维。大脑通过孩子在世界上的各种体验直接被塑形。因此，在大脑极为敏感的这段时期，孩子可以接收海量信息，从而为其智力之塔奠定第一批基石。”

此外，孩子这份饥渴的探索欲需要有舒适的氛围和环境滋养，进而促进其独立和原创精神。孩子在学习过程中首先需要处于积极状态，全身心投入到某种体验当中。难易适中的挑战是最具吸引力的，家长最好不要在一旁干涉其活动。一句话，孩子需要独立自愿（而不是为了取悦父母）地展开行动。

我们必须将这一前提牢记于心，并且将整个家庭环境打造成为符合孩子探索和实验需求的样子，在孩子活动时忍住不要参与："孩子想要融入世界的各种努力本来应该赢得家长的赞许，但人们总是担心他们将小手伸向周围那些看起来毫无价值、毫无意义的东西。成人希望孩子不要触碰这些东西，于是反复说着'别碰''别动''闭嘴'。但孩子追寻的是明确的智力目标：发现新技能、完善某个动作、探索感官体验……所有这些小动作都是对人类劳动的初步实践。因此，应该鼓励他们！"

我们会在本书第一部分具体了解可以满足孩子探索需求的各个要素：量身打造的家具、符合人体工学的物品、和谐舒适的室内环境、轮流进行的游戏和活动、托盘练习、家中开辟的工作角，以及正确的家长态度。

敏感期

孩子在发育的不同阶段会对不同类型的活动有所偏好。玛利亚·蒙台梭利把这样的时期称为"敏感期"。在敏感期内，孩子会对某个领域特别感兴趣，强烈的学习欲望会推动他尝试该领域的各种难题，他会不厌其烦地反复实践，直到完美掌握动作或完全理解某个知识。以下是几个例子：1~2岁为小颗粒物品敏感期，2~4岁为顺序敏感期，2岁左右为语言爆发期且会持续至5岁，4岁左右为笔画及阅读敏感期，出生到6岁为精细感官体验敏感期……

神经学再次证明："敏感期会循序渐进地展开，在几个月内达到可塑性峰值，大脑某个区域的神经连接会变得异常频繁。在这种信息量充足的阶段，学习过程是简单、快速、愉悦和坚实的，当然，前提是只有在孩子的智力提出相关要求时，这一切才会实现。”

因此，很重要的是，父母和老师需要密切关注孩子的身心发展，为他们提供适合的活动内容，因为等敏感期过去之后，再要习得相关技能就非常困难了。

我们拿语言举例。孩子通过聆听周围人说的话来学习开口。玛利亚·蒙台梭利观察到，在3~5岁期间，孩子会全神贯注地了解成人的话语，并在第一时间明白其意义，进而尝试不断重复这些话语，直到完全掌握这一表达方式，再输出自己能够让人听懂的话语。面对如此强烈的表达需求，我们应当站在孩子的角度，满足他们的要求，用结构完整、准确、丰富的语言与他们对话，并逐渐加入复杂词汇。我们常常惊讶地发现，不到6岁的孩子可以学习一门外语，且掌握程度与母语别无二致，能够做到句子结构精确完善、语音语调完美无缺。并非孩子完全融入这种语言当中毫不费力，而是他们充满了学习的欲望。这对成人来说就要困难得多。您或许自己也在学习语言的过程中遇到很多困难，这是正常的，毕竟您的敏感期已经过去了很长时间了……对于语言学习而言，您太高龄了！

自主能力的发展

您的孩子是不是会模仿您在浴室梳洗的样子，或是试着像您一样拿起扫帚扫地？他是不是在某个早晨想要自己把牛奶倒进杯子里，或是独立穿上外套？面对这种情况，您不要为了节约时间或是担心孩子出错而伸手代劳，要大大地表扬孩子！他旺盛的精力和想要独立自理的愿望都是大脑发育活动的一部分：这种对自立的需求绝对不是心血来潮，反而

支持孩子独立完成日常事务，锻炼他们的动手操作能力！

是思维发展所必须的一个过程。

支持孩子独立完成日常事务，锻炼他们的动手操作能力！

在3~5岁这段时间，那些在我们成人看来平淡无奇的日常家务活动都可以帮助孩子建构“执行能力”，也就是初期的认知能力，这对其未来在学业和社会生活中取得成功至关重要（甚至比IQ更重要！）。所谓的执行能力包含以下三部分：

* 行动记忆：牢记步骤、强化过往经验，从而逐渐形成准确的操作流程，最终达到既定目标。
* 自我控制：完全集中注意力、持之以恒、不受任何干扰，可以控制自身动作和情绪。
* 灵活认知：懂得辨别错误，适应并采用新战略以达到目的。

哈佛大学儿童发展研究中心的研究员们表示：“在家中、早期教育期间以及孩子日常生活随处可见的场景里为他们提供培养这些能力的条件，这是社会最重要的责任之一。”而孩子独立穿鞋、自己收拾东西、参与家务劳动等活动恰好就是培养其执行能力的最佳途径。在了解到这些活动不是游戏而是任务之后，孩子们会树立明确目标，从而集中注意力，合理组织自己的行为，控制自己的动作和情绪，在遇到困难时寻找合适的替代方法达到目的。塞琳娜·阿尔瓦蕾提醒我们，碰到这样的情况，“大人只需在一旁鼓励即可。从3岁开始，孩子就可以独立完成自己力所能及的事情。大人可以陪在身边，但不要代劳，并且试着慢慢离开，完全交给孩子自己处理。只要做到这样就够了。完全不用刻意去寻找专项训练活动。从3岁起，日常生活就能培养专项技能。

从心理学角度看，自主能力的培养还有很多好处。

* 有助于提升自信心。交给孩子一些“真正的”家务劳动时，您是在向孩子传递非常明确的信息：“我知道你一定行。”孩子在家庭中拥有了“真正的角色”后，会非常愿意配合和遵守日常生活规范。

* 有了自主能力，孩子也同时拥有了自由判断的能力。所谓自主，就是能够按照自己的想法和需求做出选择，懂得照顾自己的感受而不是一味依赖他人的意见。这也有助于孩子迅速明白一个道理，即需要为自己的决定承担后果。这样的孩子会自然而然地做出尊重自己所在环境及他人的决定。

量身布置的环境

为了培养孩子的自理能力，我们不能直接伸手代劳，但应当将家里的环境重新布置，以便于孩子顺利学习自理！过大、过高、易碎……家里的大部分摆设都不符合孩子的活动需求。试着找一天时间，跪在家里的地上（也就是孩子的身高位置），感受一下周围的环境对小孩有多么不友好。而且，所有的家务劳动用具都重到孩子用双手也拿不起来。

因此，为孩子量身布置环境要求您拥有同理心，还需要一点手工技巧和装修改造能力。但回报是惊人的！有了适宜孩子活动的环境和符合人体工学设计的物品，孩子会在完成各项任务时平静沉稳、游刃有余，会持之以恒、充满自信地逐步实现自理。一句话，孩子会愉快地绽放活力。

经过全世界父母一个半世纪的实践，在无可争议的神经学研究成

小贴士

塞琳娜·阿尔瓦蕾的经验成果

2009年，塞琳娜·阿尔瓦蕾提出将以儿童发展法则为本的创新教学经验渗透进法国教育体系。凭借该计划，她成功赢下教师竞赛桂冠。

在获得来自国家教育部的认可后，她利用三年时间，在教育优先地区（ZEP）的一所幼儿园内引入以蒙台梭利教学法为基础的各种教学设施及现代神经科学的研究成果。实验结果是令人振奋的：她班级里的孩子们平和、亲切、自律，甚至从四岁起就开始学习读写和计算了！

果面前，在令人兴奋的社会实验（尤其是法国的塞琳娜·阿尔瓦蕾的实验）之后，我们可以看到，蒙台梭利教学法并非某种流行的现象，而是在鼓励所有焦虑家长丰富与孩子的日常生活，在亲子关系中采取亲切态度。

在日常生活中实践

积极教育要求平等对待孩子的需求，因为这有利于促进家庭的和谐共处。但在节奏紧张的日常生活、无意识的言语习惯和普遍的心理状态下，积极教育往往会遭遇一些阻碍。简而言之，以我们成人眼光去看待的世界与积极教育的原则并不完全一致。

而且，我们不能对积极教育抱有过高期望，以为它可以抚平一切家庭冲突。要理智地将孩子的不当行为看作“只是信息反馈”而不是叛逆表现，真正要做到这一点并非易事！

另外，恰如其分地展开“积极亲子教育”并不意味着让渡自己的家长角色，也不是说必须要放弃自己的合理需求，或是在表达方式上谨小慎微！您很快就会明白（也会在实践中体会到），积极教育虽然看起来充满吸引力，但实践起来常常困难重重。为了帮助您逐步在日常生活中渗透和应用积极教育，以下是我们的一些建议。

远离习以为常的暴力教育

精心挑选不含双酚A的奶瓶、反复对比测试各种安全座椅、参观多间幼儿园和托儿所只为确保孩子得到周全照顾，我们所做的一切，主要目的都是希望孩子完全按照父母的要求成长。大量亲子类书籍谈到最多的不是如何促进亲子关系，而是怎样有效地让孩子听话和服从。

这便是奥利维耶·莫雷尔（Olivier Maurel）创建的研究所重点关注的“日常暴力教育”（VEO）现象。奥利维耶将VEO定义为“在某个社会中被容忍或提倡的，以身体、语言或心理的暴力形式展开的一切教育行为”。这里不仅包括棍棒殴打、扇耳光、打屁股、夹手指，还有吼叫、威胁、责骂、羞辱、讽刺、漠视、惩罚，等等。

不管是在精神分析理论、宗教典籍，还是在自以为是的流行谚语（“爱之深，责之切”）甚至儿歌（“好好睡觉觉，起来有蛋糕”）里，孩子都被描述成叛逆、冲动和可操纵的对象，大人有必要通过某些“方法”来教化他们，让他们适应社会法则。

万幸的是，在近五十年来，这类所谓的“方法”有所改变：用棍棒、衣架或戒尺殴打，扯头发或耳朵，关禁闭，不许吃饭等惩戒方式也不再被容忍，取而代之的是罚站角落、奖惩制度以及批评–表扬机制。

积极教育首先当然是反对各种形式的暴力教育的（虽然允许“罚站角落”）。但是父母们很容易走向另一个极端，即只关注孩子的需求。由于希望做到“尽善尽美”，家长们保持的亲切表面很容易在一天疲劳的工作之后或有烦心事时土崩瓦解。另外，虽说打屁股、扇耳光、羞辱、吼叫和体罚等行为已经被视作不当教育方式，但在法国大部分家庭中依然是常见现象！

其实我们每个人内心深处都清楚，这样的暴力行为是不可取的，尽管我们有各种各样的“特殊”借口。“为什么扇一个成年人的耳光叫作‘袭击’，殴打动物的行为被称作‘残忍’，而打骂孩子却美其名曰‘教育’？”

这种行为甚至是反自然的，日常暴力教育研究所已经给出了充分证明。在与人类最接近的黑猩猩族群中，没有一只母猩猩殴打她的孩子。母亲们甚至不会有打孩子手掌的行为。“因此，殴打孩子很可能与天性无关。这是接受过文明教育的人类的行为，从模仿中习得。虐待不能被看作一种兽性行为。我们身上的动物性在这里很可能并不起作用。我们的天性行为中没有哪一项是包括殴打孩子的，孩子在天性中也并没有为接受监护人的殴打做过任何准备。”

科学家们进一步研究发现，人类开始殴打自己的后代是从他们进入定居生活模式之后出现的。这是不是因为孩子们的生存更具压迫性？在人类学家莎拉·布拉菲·哈尔迪（Sarah Blaffer Hrdy）看来，定居生活使得孩子的出生时间更加靠近，从而导致早前出生的孩子为争夺母亲提供的食物变得非常激进。面对大孩子的嫉妒情绪，母亲只能通过殴打方式保护新生孩子的食物，从而使殴打成为一种必要的教育形式，并且被代代相传地复制下来。与之形成鲜明对比的是，时至今日，在那些原始的狩猎—采集部落和最后幸存的游牧民族当中，我们完全没有发现暴力教育的痕迹，科学家们观察到的只有孩子被赋予的热情、帮助、同理心和极大的自由度。

暴力教育由来已久

我们必须要明白一点，日常生活中所有残酷野蛮的犯罪行为都植根于人类的暴力倾向。埃利斯·米勒（Alice Miller）在其研究成果中明确表示，二十世纪所有的独裁者（希特勒、萨达姆等）都曾是父母暴力行为的受害者。这样的分析当然不是在为他们开脱，只是让我们必须正视一个现实：暴力会滋生暴力。

在实践积极教育的过程中，父母们应当控制自身免受传统暴力教育的影响，给孩子充分的自由空间。在一代又一代的努力之下，人们的宽容度日益增加，针对孩子的暴力行为在许多国家都显著减少。但由于没有完全禁止暴力教育的法律，这类行为可能还会存在一段相当长的时间。

为什么我们时至今日才正视暴力教育问题？为什么暴力教育会引起如此大的争议？奥利维耶·莫雷尔反复强调说，“在几乎所有国家当中，孩子都是唯一一类可以被合法打骂的群体，但同时他们又是最脆弱、最需要保护的一群人，在他们身上实施暴力行为后果是最严重的。”这一点实在是令人匪夷所思。在法国，家长可以合法地体罚孩子！没想到吧？这个首先诞生《人权宣言》的国度在保护弱势群体方面居然如此落后。

心理因素

在孩子两岁、四岁或是六岁这样的年龄阶段，如果被自己真心依赖且完全信任的家长打骂过，他们会发自内心地感到自己是个坏小孩。这种暴力行为是家长用错了表达爱意的方式。那句著名的“这都是为你好”是家长们从小听到大的陈词滥调，却已经内化成了他们潜意识的想法：“就是当年的那些耳光和打骂才让我没有误入歧途。”正如奥利维耶·莫雷尔所说：“我们遭遇过几乎一模一样的对待，于是将这样的行为施加在孩子身上就显得理所当然。”这就是我们有时会想要动手打孩子的原因（有些家长甚至觉得这是一种权力），也是我们在制定相关法律时保持缄默的原因：孩子是不会背叛我们的，他们甚至也没有诉讼时效！

传统暴力教育的后果

所谓“打打屁股对孩子有益无害”这样的论调不应该再盛行下去，因为科学研究已经给出了令人担忧的结论。暴力教育的不良后果如今已有大量国际研究报告佐证，其中的部分内容已得到世界卫生组织认可：

* 暴力教育更易造成精神问题（焦虑、成瘾症、自杀倾向、个性缺陷、性缺陷——尤其是经常被打屁股的孩子）和多动症。
* 暴力教育增加了心血管疾病、肺部疾病、免疫力问题、慢性疾病、肥胖症等发生的风险。

★ 身体会保留殴打后的记忆，从而引发躯体性及心身性疾病（抑郁、惊恐、夜间恐惧，等等）。

★ 从神经学角度看，“打一下屁股”、咆哮和其他形式的暴力都会即刻损害孩子敏感的大脑组织：孩子受到惊吓后，大脑会产生过量皮质醇，对其学习和记忆机制都有阻碍作用。

在情绪层面上，孩子的同理心会有所减退（甚至会减退不少）以暂时缓解自己遭遇暴力对待时的感受，但这也有可能让他在长大成人后变得对他人的痛苦不再有感知力，从而成为一个对什么都漠不关心和冷淡残酷的人。

最后一点，在明智的教育“战略”中，暴力只会产生副作用！因为孩子会认为，父母一定是忍无可忍之下才会频频通过打骂来企图纠正他的错误，他一定是“坏”透了。这样的心理会导致孩子彻底丧失自信，放弃对自己的未来和社会的期许：滥用毒品、酗酒、屈从、野蛮、对他人暴力相向等现象都可能发生。

打屁股以及其他所有类型的暴力教育被认为是社会常态。据调查，有40%~80%的法国人承认实施过暴力，但这绝不是一种可取的教育方式，其危害不容忽视。暴力教育给孩子造成的伤害和破坏堪比被打碎的花瓶！

理解了我们为什么会不由自主地实施暴力教育，认识到其造成的影响，这是帮助我们走出迷思的第一步。我们应当换一种视角看待孩子，寻找其他与孩子相处的方式。

突破对服从教育的迷思

“乖一点！很好，你是个听话的孩子。”这就是孩子们听到的最好的表扬。面对刚刚荣升父母的人，我们的第一句话往往是：“宝宝真乖，晚上可以睡整觉了吗？”这样到底对不对？

我们所谓的“乖”到底是指什么？是事事都顾及自己和他人感受的高情商吗？显然不是。这里所说的“听话”又是指什么？是慷慨激昂、乐于助人吗？显然也不是。

我们想方设法将这些词汇翻译成合适的社会化概念。其实“乖”和“听话”真正的意思仅仅被压缩成了孩子被驯服、屈从于家长权威、接受家长“超能力”的程度。

然而，我们最核心的任务其实是要为孩子提供自由成长的最佳方式，我们真的希望孩子拥有的是臣服、无条件遵从所有形式的权威、毫无质疑地屈服这样的“价值观”吗？

我们经常会听到要为孩子提供宽松环境、放任孩子自由成长这样的呼吁，然而事实却是，整个社会都期望孩子“乖乖的”，不要说话不要动。因此，我们会竭力采用独断的态度“教导”孩子：操纵、说谎、要挟、孤立、嘲讽、羞辱、蔑视、惩罚、打骂，等等。部分家长甚至认为软性暴力教育是一种可以达到自身目的的积极教育方式：他们采用所谓的非暴力沟通模式或是罚站角落等方法，但这种“积极规则”也只是在迫使孩子的行为满足我们成人的期望！

值得庆幸的是，权威暴力式的教育方式已经越来越少见。但不得不提醒一句，如果您的教育策略仅仅为了让孩子事事服从，那么积极教育方式也不过只是帮凶。

言论自由、意识觉醒、质疑传统权威，所有这些社会的深刻变革都将影响到您的孩子。我们到底该怎么办？如何才能做到既不放纵也不专制？怎样取得亲子关系的健康平衡？

我们都是成人型心理的受害者

“成人型心理”是长久以来影响日常亲子关系的毒瘤。与种族主义和性别歧视类似，成人型心理认为某些个体优于另一些个体，他们之间并非差异而是有高低之分。基于这种理念，孩童，甚至是青少年，都会遭到严格控制。人们会不惜一切代价阻止他们的需求，只因为他们的愿望与成人的并不相符。他们的探索欲让我们恼火，他们的身体活动需求让我们担忧，他们的旺盛精力让我们疲惫。因此我们竭尽所能遏制这一切。在这样的大环境下，成人认为只有自己才有能力判断一种行为是否可以被接受、是否有益。只有我才有决定权，就这么简单！

成人型心理这一概念是由密歇根大学安娜堡分校的巴里·切科维（Barry Checkoway）教授提出的。他的研究分析非常具有启发性：在整个社会中，只有囚犯的被控制程度高于孩子！他们的待遇很近似，有时孩子这一群体甚至有过之而无不及：被发号施令、限制自由、剥夺权利、威胁强迫、责骂殴打。如果有人只是将孩子们的这些日常遭遇描述出来，而不明确说出这是发生在孩子身上，很多人可能会难以接受：“天啊，这群被压迫的人到底是谁？”

我们跟那些种族主义者或是性别歧视者别无二致，我们正在孩子身上施与成人型心理压力，因为这也是我们自己的成长轨迹，而且社会纵容我们这样做。

但在特蕾莎·格拉汉姆–布雷特（Teresa Graham–Brett）看来，只要改变姿态，我们就可以令社会个体之间的关系产生深刻变化："虽然我们在努力反对种族主义、呼吁世界和平、倡导环境保护，但如果我们仍然在孩子面前滥用家长权力，那么压迫的氛围就还将持续下去。我们必须重新找到亲子关系的平衡，给予孩子更大的自由空间……这样的转变和挑战要求我们作为家长必须摒弃任何形式、任何地点及针对任何孩子的成人型心理。"

权威形象的演变

权威和压迫式教育会耗费您的大量精力，对亲子双方都造成极大的不适感，结果也往往与您期望的背道而驰。

在传统社会，一直到20世纪60年代末，权威人物是相当清晰的：政治领袖、宗教代表、企业老板、学校校长，当然还有家长。人们从不质疑他们的合法性、榜样作用或是决策的一贯性。他们本身的地位就能赢得尊敬和服从。但近50年来，一场前所未有的危机向这样的权威体系袭来：整个社会都在不断地对权威人物提出质疑。当您在批判政治人物或是对您上级的合法性产生怀疑时，就不得不承认，如今的权威不再是对某种地位的尊崇，而是对身处该位的具体个人的认同。一个人要凭借自身的能力、品格和经验才能受人尊敬，他更要懂得尊重他人。因此，现在的状况显然更简单也更合理：地位不再能赢得尊重，本身的人格魅力才是关键。

这一现象和观念的日益普及极大地影响着亲子关系。心理治疗师杰斯珀·朱尔认为：“无论是在教育关系还是私密关系中，我们都在缓慢过渡到依靠个人信用来赢得孩子和年轻人尊重的时代，我们的权力唯有通过信任才能行使……当代的父母们必须形成一种更具个人魅力的权威形象才能真正使自己的亲子关系开花结果，并且避免权力滥用。”

明晰规则，亲切交流

需要明确指出的是：虽然不能教条式地教育孩子，不能一味要求他们服从和听话，但他们和我们每个人一样，都应该学习如何尊重周围人的规则。而孩子不是天生就懂这些规则的，也不能凭空猜测，因此需要我们来教会他们融入其中。

在给孩子发出指令时，一定要确保他明白并接受。因此，必须做到清晰明了、冷静从容，用第一人称（“我希望/我不希望”，而不是“你应该/你不应该”）说出要求。不要带有批评、威胁或贬低的语气，也不要长篇大论。通常来说，孩子都会乐于接受您提出的要求。别忘了杰斯珀·朱尔说过：“‘通常情况下’就是一切事情的常态，对所有人类都适用。”

而且，人类来到这个世界时天生就带有社交属性，他们会自然而然地爱他人、找朋友、适应群居生活和彼此协作。我们只需观察低龄儿童的行为就会发现，他们往往不顾一切地模仿成人、学习成人的姿势、希望逗成人开心！再强调一次，沟通和对话是最重要的。就像杰斯珀·朱尔阐述的那样：“如果低龄幼儿想要在红灯亮起时穿过马路，您当然要将他抓住；但如果想要让孩子尊重并理解您的价值观和规则，则需要通过互动和对话。孩子通常需要约五年的时间来吸收这类认知。但跟一个成年人去学习和了解自己合作伙伴的价值观和规则的时间相比，孩子所需的时长显然短得多。”

这是多么振奋人心的消息啊！所以坚持不懈地用亲切方式向孩子发出指令吧，胜利就在不远的前方！

仍以夫妻关系为先

孩子的到来会彻底打乱夫妻间的平衡。宝宝的一切都成为父母的关注对象，他的一举一动都会让父母感到幸福，而学习进入家长这一新角色也是件令人兴奋的事。这些现象都是正常的，但凡事都要有度！

新生儿永远不会觉得跟父母待在一起的时间“太长”，但父母往往倾注了过多的精力。当然，在孩子表达出需求时应当及时回应，通过怀抱、安抚和按摩让孩子感到舒适心安，并且及时给孩子食物或清洗。但很多时候，孩子也需要成为自我发展的主人。

从刚出生的几周开始，宝宝就在练习观察周围环境，过一段时间就会尝试活动双手双脚、抓取物品。在人生最初的几年里，他有很多需要学习的东西：走路、接受信息和表达、有明确目的地操作物品。这些都要求他拥有极强的注意力、意志力和精力。家长的工作主要是为孩子的自我发展营造适宜环境，不去干涉其自主能力的养成。相反，我们过度鼓励和关注，不断塞给他们启蒙玩具都对其自身发展有害无益。玛利亚·蒙台梭利曾说过：“孩子长大成人过程中的各种行为是无人能代劳的。”

不如将对孩子的过度关注转移到配偶或自己身上，因为你们夫妻同样需要得到关爱！事实上，一旦孩子出生的新鲜感消散，夫妻间的关系往往会出现阴霾。

爸爸常常批评妈妈操心得太多。必须指出的是，母亲的荷尔蒙还处于高位，往往会更愿意亲近孩子（总和孩子黏在一起、跟孩子一起睡、立即回应孩子的每个需求，等等）。

站在妈妈的角度来看，爸爸做得完全不够！她们总是喜欢预判孩子的需求（这也很正常，因为他们母子一体长达九个月，这是父亲无法体会的）。

更何况，大部分男士都没有主动做家务的自觉性（万幸的是，现在情况已经大幅好转）。

因此，夫妻双方需要重新协调家庭生活，面对失序的环境，在无数个照顾孩子的不眠之夜后共同克服身心俱疲的挑战。他们的愿望会变得非常简单，拥有片刻“属于自己”或夫妻二人的无人打扰的时光。这是多么自然的需求，但双方却很难平心静气地表达出来。

要知道，这样的指责或需求看似是因孩子而起，其实是夫妻关系及/或父母双方的需求。这两大主题会频繁出现在你们的谈话中，直到孩子至少满三岁。彼此理解是回应双方需求的关键。以下是我们总结的几点家庭生活法则。

⋆ 谁做谁有理。这句“金玉良言”可以将80%的矛盾扼杀在摇篮中。父母并不是合体的双头怪物，双方肯定会有不同的做事方法。双方都有权按照自己的方式实践家长的职责（不管是换尿布、做饭，还是梳头、做游戏）并形成自己的习惯。两个人做事的方法不一致，但这并不影响孩子的理解，甚至会让他觉得更有意思。要平心静气地看待对方的行为方式，“应该这样，不要那样”这类话语显然非常让人泄气且充满不信任感。（注意：“谁做谁有理”适用于对孩子积极教育和关爱教育的各种日常活动，这样可以避免很多问题）

★ 父母之间绝对不能有所谓影响力的高下之分。孩子可以通过家长拒绝或认定性质的话语来做出判断。这类话语的影响是很大的。应该明确的是，不能由孩子来决定谁照顾他、谁送他去学校、谁晚上陪他睡觉、谁帮他洗澡。在叛逆期，家长要在孩子面前相互支持，不是表面上的“统一战线”，而是真正意义上的携手合作。

★ 夫妻关系是一个整体的概念，其中当然同时包括温存和冲突。安抚、亲吻、促膝谈心，都应该是生活的一部分。至于冲突，事实上并不是什么大问题，恰恰相反，冲突也是生活的一部分！夫妻双方不可能对所有事情都持有相同意见。让孩子看到如何通过平和尊重的方式交流不同看法，这会起到非常好的榜样作用。我们夫妻间的坦诚沟通常常会让朋友们感到十分惊讶，但简单明了的交流更有利于双方关系重新实现和谐，并使情绪得到疏通。

★ 另外，我们必须意识到，家庭氛围及成人行为对孩子会产生极强的潜移默化的影响。用谎言来对孩子展开道德教育是毫无用处的，尊重、慷慨、规矩、平等、自控、礼貌等这些品质是通过我们日常生活的点点滴滴渗透给孩子的。

★ 夫妻经过协商后对家庭责任进行明确分工。这里说的责任是指每一项具体家务的分配（证件管理、洗衣服、采购家庭用品、做饭、打扫房间、装修，等等），而不是在被叫到时不情不愿地敷衍了事，或者被反复要求后仍然无动于衷。当然，这种分工也不是不顾实际情况完全刻板的平均分配，而是共同寻找两人各自擅长的领域。家庭责任一经确认，需要白纸黑字写下来，确保双方都完全了解责任内容，避免一方对另一方的劳动结果指手画脚和一些完全没必要的争吵！拟好的夫妻“合约”也可以适时进行修订和调整。

★ 最后，我们建议您遵照下面这条法则：重拾孩子出生前夫妻各自喜爱的活动。给彼此留出自由呼吸的空间，享受没有任何家人在身边的独处时光。这样在您重回家庭生活的时候，一定会感到更加愉快、平静和乐于聆听。

正如杰斯珀·朱尔所说：“夫妻首先是队友，其次才是父母。”我完全同意！

勿忘需求，坦诚相待！

为了培养亲切的亲子关系，很多夫妻选择竭力成为完美的父母。这其实是在做无用功，杰斯珀·朱尔分析道：“所有这类追求完美的父母都有一个共同的问题，就是以迷失自我为代价来达到目的。虽然他们并不是这么想的，但事实上他们就是在做放弃自身底线、需求和价值的事情，他们最终只会扮演无条件接受孩子所有要求、成天满脸堆笑、毫无原则的大人角色，他们原来的个性就此消失殆尽。他们成为某种意义的成人版天线宝宝。”

很多父母在了解到关注孩子需求的重要性后，往往就会陷入以下误区：彻底忘记了自己也是有需求、有感情、有欲望的个体。认可和尊重孩子的需求，这并不需要成人让渡自己的需求：成人对孩子的霸权不能演变成孩子对成人的霸权，二者都不可取。杰斯珀·朱尔总结出了所谓“平等尊严”的概念，旨在建立亲子之间相互尊重彼此需求的关系，而不是仅仅考虑孩子的身心完整。孩子也需要周围的成人是身心健康的个体。因此，不要遗忘自己的需求，并且在孩子面前表现出来吧！

如果您看过一些所谓积极亲子教育方面的指导书籍，其中呈现的对话不会让人感觉不现实吗？里面常常描述一个完全失控的孩子，在父母清晰明了、斩钉截铁的三句话后就恢复了平静。而我们常常陷入的第二大误区，恰恰就是不断重复书中的这些对话！由于过于想要追求完美，父母就会按照类似情景剧的做作对白说话，这样很容易让我们在孩子面前丧失真诚和可信度！不是发自内心的言语都是苍白无力的！

无论什么样的教育方式都应当在一定程度上回归个人的本性，在自身特质的基础上得到丰富：包括我们的个性、真诚度和价值观。这里必须再一次引用杰斯珀·朱尔：“拥有完美或自负父母的孩子并无任何优势。而跟始终真诚坦率、承认自身缺陷、不断追求成长的父母在一起，才是孩子最幸福的事。”这才是我们努力的方向！

*

尽管我们都是尽心尽责且拥有良好意愿的父母，但想要完全做到按照积极教育原则陪伴孩子绝非易事！因为对于我们当中的大多数而言，有些技能并非一蹴而就：学习如何在孩子面前摆正位置、真心诚意地聆听他们的需求、支持他们自主发展能力、懂得如何用尊重的态度拒绝、陪伴孩子度过情绪危机……不过值得庆幸的是，积极教育不是父母单枪匹马的战斗！我们现在就带领大家具体了解在日常生活的每一阶段应当如何实践、有哪些符合人体工学原理的辅助工具、哪些有助于满足孩子探索欲的亲子活动、怎样才能开发孩子智力和潜能，所有这些都将帮助您更好地扮演家长角色。

①

家中的一天

低龄儿童的家长们常常感到，从孩子起床的那一刻起，一天的紧张节奏似乎就从未停歇过。到了晚上9点，父母只能筋疲力尽地倒在沙发上，觉得自己仿佛“在洗衣机滚筒里转了一天”。那么我们就花一点时间，仔细将一天中的每个步骤分析清楚：晨间准备、用餐时间、孩子活动时间、全家晚间时光及孩子与祖父母或外界进行接触的其他时刻。让我们一起来审视每一步，了解应当抱持怎样的态度、进行怎样的准备工作，从而令孩子的日常生活变得丰富多彩，亦使父母的焦虑情绪得到缓和。

和谐的晨间

在拥有一个或好几个2~6岁孩子的家庭，早晨起床便开始的逆反情绪或各式冲突往往会消磨掉家长的所有耐性！如何才能像有些家庭那样，在早餐时人人脸上都露出悠然自得的微笑，全家都沉浸在和谐氛围之中？

其实，实现和谐的晨间节奏并不是那么困难：只要制定周详的习惯要求，并配合改造家居环境，细致准备早餐，更重要的是充分给予孩子自主权，这样就能彻底改变你们家中的晨间氛围！

养成晨间好习惯

想要知道那些送孩子从不迟到、将孩子们个个打扮得光鲜亮丽且笑容满面的家长有什么秘诀吗？他们只需让孩子做好一件事：养成好习惯。这不是什么神奇的魔法，只要在家中形成了这样的好习惯氛围，一切就迎刃而解！每天早晨（和每天晚上），他们都按照预先经过精心设计规划的步骤展开活动，全家人早已习以为常，因此可以从容不迫。

就像所有家长一样，他们做的事情也是让孩子吃早餐、刷牙、穿衣服等，但他们能够坚持做到在规定时间、按规定顺序做每件事，并明确指出孩子应当独立承担的责任。这个秘诀其实很容易就可以做到。让我们来仔细看一看。

★ 首先应当明确的是，这些习惯最终是为了让孩子们感受到切实可行！你们绝对不能置身事外，而应该充当榜样。

★ 如果孩子看到你们一大清早已经是一片混乱，他会很容易感到手足无措、毫无方向感，不知道自己起床时到底该怎么办。又或者，在孩子起床后，他的注意力落在家长行为的各种细节上，比如妈妈是如何开关首饰盒的，而不是妈妈怎样帮我刷牙！您是否明白，在每个崭新一天的开端，孩子面对的是许许多多对他而言崭新的事物。毫无疑问，明确而清晰的习惯指令（而且要给孩子逐条解释清楚）会让孩子更有兴趣来遵守这一系列的晨间行为规范。

★ 另外，孩子在6岁之前并没有明确的时间观念。因此我们常常挂在嘴边的“快一点”其实对他们起不到作用（即使你用十万火急的语气来表达）。所以我们需要通过好习惯来自然形成一套行为规范，让孩子在每天早晨去学校之前都能明确感受到完成任务的责任，这样也有助于他们一整天活动的开展。

★ 等他们开始适应各个步骤之后，您只需不停地重复相同指令即可（击掌）。您的孩子也将逐渐接受这种独立完成行动的方式，并愿意主动承担自身责任（再次击掌）。

★ 最后，用熟悉、规律且独立的方式展开晨间活动可以极大地提升孩子的自信心，从而开始愉快美好的一天。

开个好头

理想的晨间习惯关系到父母双方，因此应当双方共同拟定。在白纸上根据家庭人数划分出几行，并在表头加上一行。第一行是用来标明时刻的。接着详细写明每位家庭成员早上要做的事情（起床、上厕所、吃早餐、洗漱，等等）。再针对每个人添加一小句提示性话语（“早上需要安静”“总是担心迟到”“起来先喝一杯温开水”），帮助大家了解问题和可以采取的解决办法。最后，在表格底部注明每位成员出门的时间，然后将表格裱起来。

及时调整！

在时间表实施的过程中可能会遇到以下一些问题。

★ 您喜欢安静的起床环境？那么就不要让所有人同时起床。最好自己提前10分钟起床，趁其他人还在睡的时候准备早餐或是冲个凉。

★ 孩子常常赖床，起来后总是手忙脚乱？让他们前一晚提早上床睡觉或提前十来分钟叫醒他们。

★ 由于家长在洗澡或是穿衣服没空监督，孩子们在餐桌前坐了20分钟结果什么都没吃？调整洗漱时间，至少保证一位大人在餐桌旁监督。

以上建议相信可以给您一些启发，帮助您及时调整晨间安排。

找出问题！

每天早上都会因为同样的问题浪费时间？一旦问题出现，您就会感到时间过得飞快，自己忍不住急躁起来。那么，一定要找出早上让您暴跳如雷的症结所在，然后将它们一举掐灭！一般而言可能的情况是……

★ 孩子拒绝说“早上好”？坚持每天跟他说“早上好”，不要去想是否会有回应。您可以自然地说，也可以幽默地说。让其他家庭成员也都互道早安，这样孩子就会受到潜移默化的影响。

★ 孩子醒来后不想去厕所，甚至干脆不想起床？相信他！在接下来的45分钟内，他很有可能就会因为尿意自己起床。不要无谓地催促！

★ 孩子不喜欢您给他准备的衣服？前一天晚上和他一起看好天气预报，让他自己准备外出服装。

★ 孩子待在电视机前面不肯动？早上看电视是破坏晨间和谐的最大凶手，这样不仅会搅乱全家人的安排，还会分散孩子在做其他事情时的注意力。不要让孩子养成工作日早上看电视的习惯，告诉他只有周末到来时早上才能看电视。

★ 离开家之前还在到处找车钥匙，或者孩子的围巾不见了、鞋子少了一只？在前一天晚上收拾好出门要带的东西，将它们放进门厅处专门用来收纳孩子零碎物品的篮子里。一定要做到每样东西都物归原处！

可能您还可以列出其他一些早上影响效率的问题，但经过上述努力，你们全家的晨间习惯应该会得到很大改善。

孩子能完全独立地做些什么？

跟成人一样，孩子对责任的反应比对命令积极得多！他们在得到责任指令之后，很有可能自愿独立完成一些自理行为。灵活、集中、自信等，这些品质的培养重点在于您必须停止为他们代劳！在自己尝试独立完成的同时，孩子的反叛情绪也会跟着逐渐消失。以下是具体步骤：

最重要的是自己动手！▶

愉快
灵活
尊重他人
自尊
专注
安静

★ 一旦他们有了自己动手的意愿，立即放手让他们从小事开始做起。这样可以逐步培养他们的动手能力。不要一下子就让孩子完全独立地穿衣服：首先让他学会从收纳篮里取出内衣，一周后再要求他自己尝试穿上，如此这般循序渐进。不要急于求成：耐心等待孩子完全掌握一个行为后，再过渡到下一个动作！

★ 在给孩子布置任务之前，首先应当选一个宽松平静的机会，郑重其事地向他宣布任务内容，并肯定他的能力！不作任何评价，而是缓慢精准地向他演示如何完成任务，必要时可以夸大一点动作。然后让他自己尝试、自己纠错、自己重新开始，大人不要干涉。等他完成的时候，给予充分肯定，并且告诉他如果需要帮忙可以随时找大人。从示范的第二天开始，就放手真正让孩子自己动手。

★ 面对比较复杂的任务或是孩子偶尔表现出的抗拒，鼓励他坚持，帮助他完成全部或部分任务。您可以说："穿袜子确实很难，我就在你旁边坐着，如果需要帮忙，你可以告诉我。"或者说："我有时候也不想刷牙，但想要笑起来露出漂亮的牙齿，就得坚持天天刷。要不我先帮你刷一下，最后几下你自己刷，可以吗？"

★ 放慢节奏！孩子学习独立完成每项任务时，都要给他预留充足的时间。训练一系列动作，要求孩子发挥自身的协调能力，这并不是一件容易的事情！您自己可以一边喝咖啡一边轻松整理发型，要知道这是您重复了三十年的动作，您的孩子还达不到这样的熟练程度！我们必须始终牢记这一点，为孩子留出足够长的时间，不要催促他，并且站在一旁帮助他逐步掌握这些重要的自理能力。

鼓励孩子自己动手，让他们积极参与到晨间自理活动当中，这对孩子的身心发展无疑是非常有益的。您需要注意的是，根据孩子自理程度的不同，相应调整自己的行为：在孩子展开某些已经完全掌握的行为时，您可以彻底放手，转而站到还没学会相应动作的那个孩子面前！

习惯已提出：现在开始养成！

将所有习惯都剖析清楚之后，父母应该把具体步骤完整记录下来（如果有什么变动，这些记录可以帮助你们查找）。每个孩子的日常晨间活动顺序都应当写出来张贴在墙上。

通过布告栏的方式将各种晨间行为明确标注：借助一些小标记图案（如一把小牙刷）或小照片、小素描（如一个小孩正在刷牙的样子）。选择一些含义明确的图片，也可以用简单字词配合描述行为（“我刷牙”），字迹要工整（这可以成为很好的识字启蒙）。

这种明确的布告栏方式对注意力尚难集中的幼童来说既有趣又有效！（只要精准挑选图片，家里的晨间氛围就会得到彻底改变！）借助这一方式，孩子的自理之路得以开启，同时大人也可以避免不断啰唆重复（这对大人小孩都不舒服），因为孩子可以自己对照执行。

您有以下两种选择来列出晨间习惯

* 以卡片形式，将每种自理动作绘制到卡片上（最好塑封一下）。孩子会非常乐意在完成每一项任务之后按顺序摆放卡片。

* 也可以在一张纸上按顺序标出每种行为，孩子每完成一步，就将一个小图标摆放在对应位置（可以用夹子或者回形针固定小图标）！

孩子按照“习惯”卡片独立展开晨间活动！

这种看似微不足道的行为往往可以激发孩子自己动手的欲望，帮助孩子依次完成晨间任务。等孩子稍大一些，您还可以在对应图片上标出钟面时间，或添加小星星用来表示孩子已经可以完全自己完成的任务。这些都充满激励作用！

最后，注意根据孩子的年龄调整任务数量：2岁时，只需3~4项行为；5岁时就可以做到7~8项了！

向全家人明确公布晨间习惯

您为全家人做了一件非常有意义的事。但还没完哦！如何明确这些习惯才是至关重要的。好好整理自己的语言，再向大家公布！以下是几点建议：

★ 开宗明义地明确目标。→ 每天早上，我们在出门去上学和上班之前都有很多事情要做。我每次都因为害怕迟到而充满压力，经常着急得大吼大叫……然后你们也跟着闹起来，最后就是所有人都不开心！我觉得这样实在太糟糕了，你们应该也这么觉得吧？所以爸爸妈妈一起想到了一个好办法，可以让我们早上的时光变得愉快、舒服，而且大家都可以按时出门。

★ 让孩子参与其中。→ 但要完成这个目标，我们需要团队合作。

★ 给孩子们展示习惯安排表。→爸爸妈妈考虑了很久，我们认真设计了这个新安排。这一张是我们的，我们也特别帮你们准备了一份！

★ 给孩子们展示准备好的布告栏和卡片，按顺序摆在他们面前，让他们讲述图片内容。看到他们可以独立完成的任务卡片时，郑重建议他们自己负起责任来。→我知道你自己刷牙已经越刷越好了，所以明天早上我会给你示范怎么打开牙膏盖、怎么把牙膏挤到牙刷上。经过几天练习之后，我相信你一定可以自己完成刷牙的任务。我决定放手让你自己刷牙，当然，有什么问题需要帮忙的，你可以随时叫我。你觉得自己可以完成这项任务吗？很好。那我就在这张刷牙卡片上标一个小星星/小爱心了。真是太酷了！

★ 让孩子在完成每项任务后标记一下：将卡片翻转、用夹子夹住小图标，等等。→我建议你在每项任务完成之后用夹子标记一下。这样我一眼就能看出你有没有做，不用再一直不停地问："你刷过牙了吗？"你也不会因为忘记自己刷过牙，而稀里糊涂地再刷第二遍牙吧！（用点幽默保证没坏处）我们试试看吧？

★ 最后，将习惯安排表放置到显眼位置。→现在，你来选一处地方把安排表/卡片挂起来吧。要保证你自己每天早上都能看见哦！开始吧！

小贴士

学习如何自理是非常重要的

玛利亚·蒙台梭利认为，关照自我是教育的一部分。在针对贫困街区孩子的早期实验当中，她就明确观察到，尊严是保证孩子身心健康必不可少的先决条件，而能力发展是其中的关键。

首先可以获得的尊严，就是自理能力的培养。给孩子们提供齐全的洗漱用品，这些是他们在自己的贫困家庭中很难得到的。当早上来到学校时，原本衣衫褴褛、赤着脚、一脸脏兮兮的孩子们可以洗脸、洗手、洗脚、穿戴整齐、擤鼻涕（她耐心地教会他们如何去做，让孩子们体验到了最大的快乐）。

经过这一系列的行为，孩子们重新焕发出活力，心情愉悦、精神饱满、平静而专注地进入到其他活动教室里。

在蒙氏教育学校中，总会设立一处自理能力培养角，里面布置有一块镜子和洗手洗脸所需的必要工具。旁边还可以放置几把刷子和一些润肤霜。

孩子可以模仿我们的洗漱行为。不要把他们当作洋娃娃一样地为他们穿戴和梳洗，让他们自己动手：比清洁卫生更重要的是，对自己和他人的尊重，对孩子人格尊严的尊重。

精细动作有助于孩子锻炼手部灵活度及自理能力！

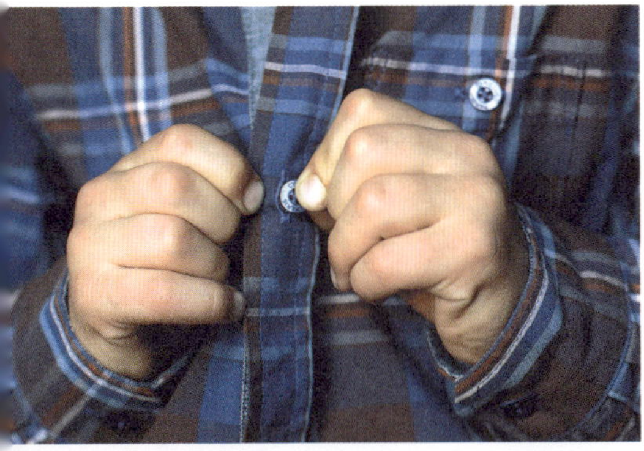

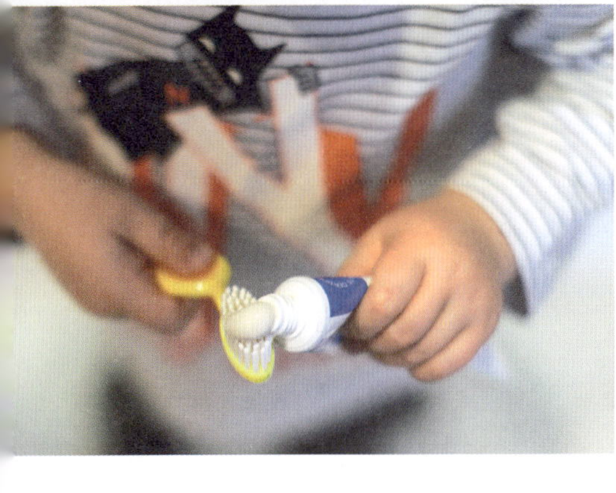

布置合适环境

早晨起床后的各项活动基本需要涉及家中的每个角落：浴室、厕所、厨房、卧室和门厅，一处都不能少！孩子是不是拥有与自己身材匹配的家具和用品？这对发展其自理能力非常重要，让我们一起来进行改造吧……

卧室内：帮助孩子独立穿戴

学习穿戴需要掌握多种技能：平衡、协调、精细动作、视觉区分、动作规划、全身协作等。这是一项长期而困难的学习任务，可能会导致孩子的沮丧、紧张、泄气等负面情绪！但只要我们布置了完全适应孩子的家居环境，这样的学习过程也可以变得容易起来。

为孩子布置精简版衣柜

儿童时装业越来越发达，我们想为孩子买的衣服实在是太多了！但采取极简布置其实好处多多，可以减少家务工作（洗、熨、整理），还可以帮助低龄儿童培养独立能力。只需给他少量选择，让他一眼就能看到自己的衣物，便于训练他的衣物搭配能力，懂得怎样穿戴才既不冷又不热，而且收拾起来也更方便。

整洁的衣柜 ▶

准备少量衣物
张贴明确“标识”
收纳篮
儿童尺寸
衣架

为低龄孩子准备的
小号五斗柜

小贴士

我们的建议
（每个孩子，每季）

- 5件下装（裤子或短裙）
- 5件短袖或无袖上装
- 4间长袖薄上装
- 3件毛衣或背心
- 2套睡衣
- 配套的袜子和内衣裤
- 2双鞋子+1双靴子
- 1件当季外套
- 太阳眼镜、手套、软帽、棒球帽、围巾、方巾

为孩子量身定制衣柜和多层收纳格！

准备与孩子身高相匹配的衣杆非常重要！长裤、短裙、T恤、毛衣、外套、衬衫，所有衣物都应当悬挂在孩子容易够到的位置，且便于孩子进行选择，免去折来折去的麻烦。从实用角度来看，最好将衣物分类挂在衣杆上：所有长裤挂在一起、所有T恤挂在一起……也可以在两类衣物中间挂上空衣架作为区隔。

布置与孩子身高相匹配的收纳格，放置无需悬挂起来的衣物（内衣、袜子、帽子、围巾……），分类放置，做好区隔。如家里有五斗柜，可以再买一些移动式抽屉或回收利用旧鞋盒用于收纳。

在每只盒子和每个分隔衣架上张贴分类名称（搭配图片），便于孩子辨认。孩子或许不能马上学会上面的所有字，但这是浸入式教育的好机会。

向孩子详细解释衣柜的作用，再反复演示具体如何使用：

* 如何从衣杆上取下和挂上衣架
* 如何将衣服折叠好再放进收纳格
* 如何将衣服挂到衣架上

可以在衣柜旁放置一张小矮凳（孩子的平衡能力还没完全发育成熟，凳子在他们脱裤子和内衣时会有很大的帮助）和一面落地镜（让孩子随时可以欣赏自己完成的“作品”）。

穿衣，一学就会！

在蒙氏学校里，孩子们有专门的穿衣练习框，可以单独和依次练习每一个穿衣步骤，有针对性地克服每一步的困难。以下是几个帮助您的孩子逐步学会自己穿衣的建议。

小贴士

何时放手

当孩子还没到独立操作的年龄时（也就是说成人需要伸手替孩子穿戴时），我们要一边做一边通过语言进行讲解。一旦孩子表现出了想自己动手的愿望，我们要开始不动声色地放手，一步一步地让孩子自己展开操作。

√ 先教怎样脱衣服！

脱衣比穿衣容易得多，通过脱衣服可以让孩子了解衣服的构造，熟悉不同的系扣方式，重复练习一些在穿衣时也能用上的动作。

√ 从孩子很小的时候就开始用语言向其讲解穿衣方法

在帮孩子穿衣服的时候，一定要反复讲解每一步，让孩子将这些词汇及其动作对应起来，并且刻在脑子里。这对他接下来自己发展穿衣技能很有帮助。

√ 使用各种小花样，让孩子坚持自己动手！

超级英雄图案的内裤、公主裙，甚至一些化装打扮的服饰，采用各式各样的小招数吸引孩子自己动手穿衣！您还可以将他的衣物放在地上，摆成一个小人儿的样子，对应身体的各个部位以及穿衣的顺序。

√ 仔细介绍每一种衣物

比如，在穿脱T恤或毛衣时，可以一边自己示范，一边进行分解动作的介绍："我把这件衣服完全展开，再翻个面（正面朝下），这样穿上去才是正的。我先将头伸进最大的那个开口，然后再伸出手臂，一边一个。最后要看看衣服是不是完全穿平整了。"脱衣服时可以说："我把手臂弯起来，先抽出手肘，这样就能脱下一只袖子了"等。

√ 每次只学穿一种衣物

等到一种衣物的穿戴完全掌握之后，再进行下一种。

√ 充分考虑孩子衣物的舒适度

紧身长裤、时尚衬衫、新潮T恤，童装的流行已经越来越细化。但请一定要注意，不管选择什么衣物，都不能阻碍孩子身体的自由活动和技能学习！大纽扣、宽松装，难道这样便于孩子自己穿脱的服饰真的比那些让孩子透不过气的衣服难看吗？不要成天想着追求时尚、突破陈规了，抛弃拉链（孩子的小手很难握紧），为孩子准备带绳带、丝带或是彩编绳的衣物吧，让他们更容易自己把握衣服的穿脱。

√ 帮助孩子辨别衣物正反面

在每件衣物的左下角标一个小记号（可以用漂亮的小贴纸），这样孩子就可以快速辨别衣服的“正面”。这样做显然比让孩子寻找“衣服里面的标签”简单得多！

浴室内：帮助孩子独立洗漱

完备的洗漱用具

应当为孩子准备好符合其大小（手掌或身材）的洗漱用具，便于其自己动手完成洗漱。浴室通常是与其他家庭成员共用的，因此最好能为孩子准备一个专属收纳篮用于放置其所有洗漱用具：

⋆ 小梳子，手柄设计符合人体工学原理。

⋆ 小牙刷、牙膏、漱口杯，最好再配上一只小沙漏，让孩子明白刷牙时间不能过短。孩子的时间观念与成人不同。对他们而言，一动不动地站在镜子前刷牙并不容易，能做到20秒就已经非常好了！请帮助他们计时！

⋆ 洗脸用品（洗漱专用小手套加香皂，或是有机棉手帕加装好清水的挤压瓶），及用于悬挂毛巾、手套等用品的小挂钩（布置在孩子可以够到的高度）。

⋆ 儿童专用润肤霜（冬季）或防晒霜（夏季）。

⋆ 洗手专用香皂和指甲刷（孩子们可喜欢了！）。

脸盆+镜子+清水
牙刷+牙膏+漱口杯
用挤压瓶装好
润肤霜
沙漏
指甲刷
梳子

帮助孩子靠近洗手池和镜子

最简单的办法是将一只装红酒瓶的木箱子倒过来放在水池下方。这样孩子踏上去的面积比较大，也不要专门再准备小矮凳。这种方法简单、划算（有些酒窖管理员会很乐意免费送的）、有个性（可以让孩子在上面随便涂鸦！），而且非常安全（别忘了，在浴室不慎摔倒的话，不仅很疼，还相当危险）。

⋆ 按照更加纯粹的蒙氏教育原则，您最好可以配置一个小矮桌（比如床头柜或沙发凳）、一只洗脸盆和一个小水壶。这样孩子就可以按照

小贴士

护肤品：使用时务必谨慎

在为孩子挑选护肤产品时一定要非常谨慎。护肤品里面常常含有大量防腐剂、着色剂以及其他泡沫因子，这些都可能会对孩子的皮肤造成损害，影响孩子的激素系统！

我们建议晨间洗面采用天然原料产品：冷法皂化香皂（有机品商店有售）或薰衣草、橙花等制成的保湿品。这类产品可以令孩子的肌肤保持柔嫩清新。

注意：冷法皂化香皂富含天然甘油，由于添加有纯植物油成分，可令皮肤达到极致柔嫩的效果。

自己的需要来添水了！洗漱完毕之后，他只需将脸盆里的水倒进浴缸即可。再加一面镜子，这套“装备”就完美了。

★ 别忘了再准备一张洗脸巾（最小的那种），给孩子演示在洗完脸后如何将毛巾挂到挂钩上，或在必要的时候放进洗衣篮里（养成了这样的好习惯，孩子在青春期就不会成天把毛巾往地上扔了）。

门厅处：让出门准备工作变得易如反掌

我们常常在出门前发现什么都没准备好！不是一只鞋找不到了，就是孩子自己穿的衣服快要掉下来了，然后便是一阵慌乱。一切准备就绪的那个孩子，会不停地抱怨另外两个还在争吵不休的孩子（“妈妈，是他先推我的”），时间就这样溜走了！

神奇的解决办法

如果门厅空间够大，可以为每个孩子布置一块专属小区域，里面包括：

★ 与孩子身高相匹配的挂衣钩，便于他们自己悬挂上衣、大衣或背心。

- ★ 在地上放置一只收纳篮，里面是当季的配饰和上学用的小包。
- ★ 一张小矮凳，孩子可以坐在上面轻松穿脱鞋子。

一旦专属区域布置妥当，您很快就会发现孩子们自动养成了好习惯。一进门：

- ★ 门厅早晚都收拾得井井有条。
- ★ 孩子们可以同时穿衣，不会有冲突。
- ★ 出门前再也没有任何丢三落四的问题：一切都在它们对应的位置！

好了，可以准时出门啦！

积极教育从早餐开始！

您知道吗？饮食对孩子的行为和脾气都会产生相当大的影响。这大概是隐藏得最好的秘诀之一了：积极的亲子关系意味着“积极的饮食”，也就是要做到以天然、健康、不含化学添加剂、尽量少糖的食物为主！早餐自然也不例外。以下就是让您从容准备健康早餐、有效避免雷区的小建议。

“理想早餐”不为人知的一面

专家们不厌其烦地强调：孩子必须在上学前吃好早饭！“理想”的早餐通常是这样：一杯橙汁保证维生素、一份奶制品保证钙质、面包或谷物补充碳水化合物……但问题在于，要在每个忙碌的早晨准备好这种标准化的配置，往往就意味着给孩子食用工业加工食品。

★ 包装完备的橙汁通常糖分过高（当心血糖过高可能导致饥饿和疲倦），而且空腹饮用会加重消化系统负担（导致腹痛）。

★ 奶制品方面，孩子们最爱的是添加香料的酸奶或巧克力奶，这些都太甜了。而且，如果过多饮用牛奶，很可能导致耳鼻喉方面的疾病（耳炎可能反复发作），也对消化系统不利。

★ 摄取碳水化合物的方式往往是工业生产的谷物，含糖量（还是糖分问题）和脂肪量都过高；白面包也是如此，不仅糖分和面筋含量高，而且缺乏身体必需的矿物质和营养素。

★ 很多工业生产的食物不单含糖量高，而且还含有大量防腐剂、香味添加剂、染色剂和其他磷酸盐的成分，这些都可能导致孩子精力分散、多动、睡眠效果差、情绪激动等问题。因此，早餐（及下午点心）

一顿理想早餐

的选择必须经过仔细分析，因为商家都瞄准这片市场大肆发挥品牌创意！当然，我们也希望食品业巨头们能够多在配料上下功夫，多为孩子的健康考虑！

从天然食品中汲取能量

想让孩子随时充满能量，充分吸收维生素及各式营养成分，最好的办法是选用天然食材。合理搭配水果—奶制品—碳水化合物这一经典三元素，制作健康可口的食物，还可以根据季节和喜好巧妙变化哦！您只需要了解几个简单原则就可以了。

√ 对孩子的食物有一个总体认知和规划

早餐不宜过多摄入糖分（也不要过于精细），以易消化的食物为主（食物中不宜含有过多面筋或酪蛋白成分）。将所有食物放在托盘里让孩子自己吃！

更多关于优选饮食的建议，请参见第225页。

√ 保证维生素、营养成分及矿物质摄入

优选当季水果，整只或切块、削皮或榨汁，或煮成果泥倒进碗里，也可与天然酸奶或谷物混合食用。干果类（杏仁、榛果、山核桃等）及种子类（葵花籽、芝麻等）也是不错的选择！孩子们很喜欢这些撒在新鲜水果或谷物能量棒上的配料！

√ 选择吸收缓慢的碳水化合物

它们可以缓慢持久地输送能量。全麦面包或“花形”面包（有机

食品商店出售的健康型面包）都是不错的选择。如孩子偏爱谷物麦片，可选择全麦谷物（含糖量较低），以燕麦或藜麦为主。您也可以在家自制麦片或能量棒：简单方便，可以随心搭配，加入少许巧克力也不用担心，因为其他配料都是健康适量的！自制饼干和糕点也非常好：可以尝试用燕麦制作，能量可以保持一上午，且不会对孩子消化系统造成负担，也不会导致血糖过高。

√ 多喝植物奶

植物奶非常易于消化，且富含矿物质、维生素、铁元素及“好”脂肪。部分植物奶不含谷蛋白（杏仁、榛果、燕麦……），所有植物奶均不含抗生素、疫苗及其他动物奶中具有的激素残留。它们有的加入了香料，有的完全天然：杏仁奶营养丰富，有助肠道杀菌，富含镁、钾、磷、维生素E、铁等元素；榛果奶利于肠道蠕动，富含钙质及单一不饱和脂肪酸；燕麦奶是促进大脑发育的优质碳氢能量，同时富含碳水化合物、钙质和纤维。

自己动手准备早餐

准备早餐的过程可以变得非常愉快，孩子在锻炼动手能力、按照自己的喜好摆放美食时，胃口也会跟着大开。您只需要稍作安排，就可以让孩子满足自己动手的愿望。

将所有早餐需要的用品放在与孩子身高相匹配的架子上或是抽屉里。

⋆ 准备一个带把手的托盘，提供两三样食物给孩子选择：一篮剥起来很方便的水果（香蕉、橘子、葡萄）、一小瓶干果、一罐饼干。

⋆ 饮料可选择纸盒包装并搭配吸管的果汁或牛奶，将它们放在架子上。如您希望使用大容器，或孩子喜欢早上喝热饮，可以在餐桌上摆好玻璃杯，饮料用长颈瓶盛放。

⋆ 您还可以在厨房里准备一条小矮凳，孩子可以站在上面烤面包片、用小刀切黄油，再大一些的孩子还可以榨橙汁。如果孩子还不会完全自己操作，可以将烤面包片和榨果汁安排在周末时间充裕的早晨进行！

小贴士

最好能“自制”早餐！

当然，一天的时间是很紧张的，尤其是早上！但还是可以在周末制作一些饼干、糕点、蛋糕或谷物棒，放进密封的保鲜盒里储存一周。曲奇饼干的面团很容易储藏，只要用保鲜膜裹成圆柱形，到烤制之前按需切下一部分即可。也可以将切好的水果放进小号保鲜袋里冷藏，前一天晚上取出，早晨只需两分钟就可以榨出一杯新鲜果汁（还可以加入一点植物乳）。总之，在家自制早餐的方法多种多样，而且都简单便捷。稍微用心准备，您的孩子就可以吃上一顿能量满满的早餐，足以保证他们的肌肉和大脑运作，让他们神采奕奕地撑到中午！

小贴士

早上真的不饿吗？

千万不要强迫孩子吃。不要让早餐桌成为战场，这样不仅达不到目的，甚至可能适得其反。这种情况下可以在孩子的书包里放一些坚果、一根谷物棒或者一片家里自制的曲奇，等过几天以后再来讨论没好好吃早餐这件事。是早上没睡醒情绪低落吗？没吃早饭，到了幼儿园课间休息或者活动结束时真的还有力气吗？是不是更喜欢吃上午10点准备的小点心？找到问题根源就可以对症下药了！

从18个月或者24个月开始，孩子就会非常乐意在厨房自己端早餐了。36个月起，他们就会自己准备简单的早餐盘，包括摆放饼干或干果、将吸管插进果汁盒或牛奶盒中。到了4岁，孩子就可以自己倒饮料、烤面包片、加热馅饼、涂黄油。不用每天要求孩子这样做，但至少周末可以让他们尝试。

最后一点：以上建议适合对自己动手准备早餐感兴趣的孩子！如果您的孩子不是“早起型”，需要花很长时间才能从睡梦中清醒过来，那最好不要让他在准备早餐上耗费过多时间，留出更多时间让他集中精神穿衣服和洗漱。

细节改变一切！

即使有了良好的作息、适宜的环境和充满正能量的早餐，您还是有可能在晨间遭遇危机。以下是让全家人顺利度过晨间时光的五条重要建议。

为自己预留15分钟

在洗漱的时候不断被打扰、只能喝冷掉的咖啡、反复往返于厨房和洗手间、无数次停下手里的活去帮孩子刷牙、每次都在迟到边缘徘徊……这一切是不是烦透了！但仔细想想，这里面50%的责任都应该算在大人头上吧？

怎么解决？早起15分钟。为自己预留15分钟。让自己安安静静地喝杯咖啡、不受打扰地看看八卦、冥想片刻或是做几个瑜伽动作。淡定地选好自己今天要穿的衣服，收拾好手提包，准备好会给自己带来好心情的歌曲播放列表。总而言之，充分利用这15分钟时间，为自己的一整天开个好头。满足了自己的小确幸之后，接下来的晨间活动就可以有条不紊地展开了。再忙碌的情形或是孩子无故发脾气也不是什么大事儿了！

学会放手，相信孩子！

我们一直在强调：孩子更愿意接受责任而不是命令。不要从早上开始就陷入与孩子的权力争夺当中。不停地发号施令并不能达到预期效果，而不断赋予孩子自主权和责任感则会事半功倍。

★ 从鼓励孩子动手开始：这是发挥孩子能动性的最佳方式！注意在这里只看重过程即可（不要关注结果）。→“自己扣纽扣确实是件困难的事！”或是“我知道你5分钟不到就能全部穿好！”

★ 不要刻意去监督孩子，这样会显得您对他没有信心，好像他永远不可能按时穿戴整齐！放手让他自己去做。一旦自己独立完成过，他就很有可能每次都做到，而且跟大人的速度一样快！

★ 最后，如果孩子一直无法按时完成，可以使用计时器：直观地看到时间流逝时，孩子会提高注意力，明确必须完成的目标！但请注意，计时器不能成为一种充满压力感的监督工具，而是一个寓教于乐的小助手。→“这是一个计时器，它可以帮助你看清楚时间的流动。我知道你肯定可以在10分钟之内穿好衣服的。我启动计时器之后，你会听到滴答滴答的声音，这就是时间在走。那根指针快靠近0的时候，你就应该快要穿好了。等到闹铃响起的时候，你就全身都穿戴整齐啦！”

解除晨间“小炸弹”

早晨的时间过得飞快，但孩子好像完全不在状态，一副没睡醒、做什么都快不起来的样子。该怎么办呢？

★ 与其重复千百次同样的话，不如蹲下身子，跟孩子四目相对，仔仔细细地说明一个要求。

★ 在重复要求（只重复一次）的同时，记得表达自己可以帮忙。→“你还没穿衣服哦！是不是需要帮忙？你想要自己穿还是我帮你穿？”

★ 提出多个选项。→“你想要先刷牙还是先穿衣服？穿蓝色还是红色毛衣？”

★ 如果孩子开始闹脾气，可以转移他的注意力！→“我们出门之前还有什么没做的？你的书包放到哪里了？”

★ 直接描述问题，展现可爱的一面！→“你怎么还光着脚丫呢，我们快要出门咯……”或者：“哎呀，桌上怎么有打翻的奶！”

★ 使用简单的词语而不是长句子。→“鞋子！外套！”

★ 说悄悄话！这是吸引孩子注意力的神奇方法。

★ 写下小纸条。把写着“别忘了”字样的纸条放在鞋子上，即使孩子还不识字也会觉得非常新奇！

随时准备好处理小危机

★ 在忍不住冲着孩子大声吼叫之前，请一定要三思。上次大吼之后发生了什么？孩子要么怒气冲天，要么崩溃大哭，一直显得惴惴不安，您一定花了不少时间去安抚。看到了吗？大发雷霆并不能解决问题，更加达不到节约时间的目的。

★ 想想“家家有本难念的经”。当怒气充斥在家里，想象一下自己长上翅膀飞到了半空中，低头看见周围所有家庭都在遭遇一样的问题，所有父母和孩子都气鼓鼓地大眼瞪小眼，每家每户都鸡飞狗跳！只需在脑海里浮现这样的画面，您就会重新变得喜笑颜开！

★ 最重要的是，好好想想孩子到底迟到过几回？其实应该次数并不多。而且，就算迟到了，又怎么样呢？老师让你们当场谢罪了吗？保育员不给你们开门了吗？最差的情况，也就是班主任用眼神狠狠地扫射你们一通（她要照顾28个小朋友一整天，回家可能还得面对自己的孩子！）。总之，没有什么大不了的后果，您完全不必要为此输出这么多负能量。

营造好心情

与其手忙脚乱地收拾屋子、洗碗筷或是准备购物清单，不如在早上好好静下心来想想自己对孩子是不是足够耐心。只需5分钟时间尽情与孩子互动，就可以彻底改变您一整天的心理状态！枕头大战、挠痒痒、轻轻抚摸、一起跳舞，什么方式都可以。关键是要与孩子有亲密的身体接触，用笑声给一天开一个好头。

同时要记住，不要用命令的口吻告诉孩子必须自己刷牙、自己吃饭、自己穿戴整齐之后才能上学。孩子在愉悦的氛围中才会学得更快、做得更好。亲子陪伴专业指导师桑德琳·堂泽尔（Sandrine Donzel）明确表示："我们常常担心如果让这些自理活动变得愉快舒适了，孩子就很难真正理解做这些事情的必要性，或者一旦兴趣消失就不愿意自己动手了。其实，根据科学观察，结论是相反的：与愉快记忆相关联的活动往往更容易执行，即使在其初始动力消失之后！"

★

最后我们总结一下：耐心对待每一个早晨，抓住一切机会让孩子尝试自理，鼓励孩子的正面情绪，让孩子充满自信地面对新一天。相信你们全家很快就可以收获一个又一个幸福愉快的早晨！

和谐晨间的准备工作

卧室内

- 详细列明每个步骤的卡片；
- 专门放置当季衣帽服饰的小衣柜；
- 适合孩子身高的衣杆和衣架；
- 贴有明确文字标记（内衣、袜子等）的小篮子或旧鞋盒；
- 小型垫脚凳及落地镜。

浴室内

- 小篮子（如有几个孩子，请在每只篮子上标注他们的名字）；
- 小梳子（及其他必要的梳头工具）；
- 盥洗用手套、肥皂、指甲刷、小毛巾，也可配置面霜及润唇膏；
- 棉片或布片；
- 一盒餐巾纸；
- 垫脚凳（或将红酒箱倒放充当脚垫）。

门厅处

- 与孩子身高相符的挂衣钩；
- 标有每个孩子名字的小篮子，内放当季衣物配饰；
- 小型垫脚凳。

厨房内

- 带手柄的托盘；
- 装有早餐的容器，装有水果的小篮子；
- 几张餐巾纸。

什么年龄做什么事

2岁

- 脱下并整理睡衣
- 选择并穿脱内衣裤或尿布
- 洗脸
- 开始尝试拿牙刷和梳子
- 吃早餐
- 挂好浴巾

3岁

- 上厕所
- 选择整套衣服
- 穿裤子、短裙、T恤、毛衣、鞋子、外套
- 刷牙
- 梳头
- 擦润肤霜或唇膏

4岁

- 准备早餐
- 扣大颗纽扣（解小颗纽扣）、拉拉链
- 穿袜子
- 收拾书包（放玩具、点心、餐巾纸、需要的运动用品）

5岁

- 整理床铺
- 扣小颗纽扣（如衬衫纽扣）
- 系鞋带
- 帮助比自己小的孩子

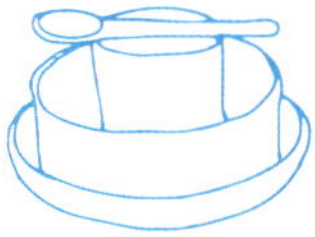

愉快用餐

不管是吃饭方式、菜式选择、饮食搭配，还是口味发展、规定时间内吃完一餐，所有这些都是我们要对孩子提出的要求！确实显得很烦琐。用餐是孩子教育过程中的重大挑战之一。事实上，饮食是健康之源，也是无数快乐的源泉。用餐期间是我们展开交流活动和文化沟通的最佳时机，只要让孩子了解规定动作和要求即可！

但当孩子只有2、3、4、5、6岁时，他们是很难理解这些的！他们常常会拒绝我们精心准备好的饭菜、忘记说“谢谢”、故意把豆子打翻在地上、将手指直接插进果泥里……面对这一切，我们往往会失去耐心，而且束手无策。但是，你们知道吗？愉快用餐的秘密其实就藏在厨房里！

让孩子进厨房！

由于时间紧张，或者贪图方便，或者只是想拥有一点大人之间独处的时光，大部分的父母总是在晚间将饭菜直接端到孩子面前，盯着他们

厨房：惊喜不断！

吃。穿着短衣短裤的孩子就这样坐在餐桌旁，面对着一盘家长觉得是精心准备的食物，家长像看小太阳一样仔细观察孩子吃饭时的动作、态度和或好或坏的习惯，不时做出评价，还经常打断他们的节奏，询问这一天在学校都发生了些什么。这样做谁都会感到紧张！

不要再这样了！你们应当尽可能地让孩子进厨房体验。孩子在厨房里为你们提供的小小帮助很快就会让人感觉非常必要，而且学会自己动手使用各种真实烹饪用具对孩子的成长也是好处多多。

为什么要让孩子学揉面团

让孩子参与到食物制作过程中

请孩子帮忙一起准备食物，这是促使他们稍后愉快用餐的最强法宝。在整个准备过程中，他们会逐步了解各种食材配料，从而胃口大开，等开始用餐时不仅会大快朵颐，还会因为这是自己的劳动果实而充满成就感。您可能不会再听到“我不喜欢……”这样的抱怨了。要知道，孩子在没有参与食物制作时，可能饭菜连一口都没吃就说不喜欢！

启发孩子的各种感官，尤其是精细味觉体验

从我们成人的生活方式来看（在电脑或电视前用餐、一边聊天一边用餐），饮食变成了完全快餐式的应付，很难再做到“有意识地吃饭”，也就是说静下心来品尝和体验盘中餐，仔细回味、感受每一口食物带给感官的精准刺激。但孩子正处在不断尝试新食物的年纪，他们的味觉正在形成当中，我们必须慢下来，让他们充分体会食物与精神的联系。

6岁前，孩子的感官精细度会达到一个峰值。因此，无论是在厨房里还是在餐桌旁，给孩子启发味觉、嗅觉、触觉和视觉的机会！有了这样有意识的体验和训练，您会惊喜地发现，孩子即使蒙上眼睛也能猜出大量气味，或者仅靠观察颜色就能判断糕点的烤熟度或是水果的成熟度。玛利亚·蒙台梭利对孩子感官发育敏感期的判断是有事实依据的。您知道吗？孩子的味蕾是成人的两倍！这是多么丰富的味觉体验啊！难怪他们对食物味道的判断如此敏锐！

积极参与厨房活动、仔细品尝每一道菜，这两大习惯一旦养成，将非常有利于他们发展对味觉和口感的好奇心，迅速培养他们的味觉丰富性和辨别力，从而让孩子们成为名副其实的“世界胃”。

识字及拓展词汇

厨房里可以用到的词汇丰富多彩，涉及配料、用具和制作手法（过筛、揉搓、打发、去壳，等等）。进入厨房参与活动还可以激发各种各样有趣的情绪体验，孩子可以学着用语言准确表达和描绘。孩子在6岁前都处于语言敏感期，他们非常渴望学习新词——而且越难的词他们越感兴趣！不用担心，尽管对他们说。另外，按照菜谱做饭，将面粉盒、白糖盒等容器标注清楚，和孩子一起列购物清单，所有这些活动都是培养其识字能力的好机会。

了解数字、化学反应，培养逻辑思维

加入第8勺时达到100克、先倒入一半的奶、加3个鸡蛋、观察黄油融化、按照菜谱上的逻辑步骤操作，这些厨房里的日常工作都与孩子的数学及逻辑学习紧密相关！玛利亚·蒙台梭利在教学法中坚持一点：孩

子必须通过亲自实践，才能明白基本概念！手都伸进面粉里了，还会不喜欢数学吗？

锻炼动手能力，培养劳动热情

洗刷、削皮、搅拌、揉搓、在量杯中精确倒入10毫升液体，等等，这些有趣又有些困难的动作对锻炼孩子小手的灵活度和力量感非常重要！

另外，玛利亚·蒙台梭利非常重视的自我纠错能力也可以在厨房里得到充分展现："我刚刚敲鸡蛋的时候掉了一些碎壳在地上，我把它们都捡起来了。哎呀，我的面团还没揉好！巧克力糊还得再搅拌搅拌……"大人不用去干预，孩子很快就会明白哪些动作是正确的，可以继续进行；哪些是需要先纠错再展开下一步的。

增强自信心和注意力

剥豆子、将胡萝卜切片，这些对孩子来说都是很困难的任务，工作量大而且有时候还有点危险（特别是在需要用刀的时候）。将它们交付给孩子（当然要事先解释清楚如何操作），就是实实在在地告诉他，您对他的能力有信心，这对增强他的自信非常有利。毫无疑问，这一系列的新责任会让他兴奋不已，看到他投入到工作中的样子，您也会忍不住开心起来。

让孩子参与家务活动

千万不要以为孩子只会无所事事，成天就想着玩，其实他非常乐意参与家务活动。给他们分配任务（当然是要在他们情绪好的时候）有助于增强你们之间的感情，让孩子真正拥有对家庭的归属感。

小贴士

怎样让孩子搭把手

每天都会有很多机会可以充分利用起来，让孩子为你们搭把手。

– 超市购物的时候可以让孩子来挑选自己喜欢的水果和蔬菜，让他们将果蔬装袋、称重并拿给收银员！

– 做饭时，可以请孩子帮忙清洗蔬菜（西红柿、土豆……）、将牛油果连皮切丁、将半根西葫芦或胡萝卜切片、加入液体佐料（鲜奶油或浓汤）并搅拌……

共同面对复杂问题

不要将这些日常家务呈现成“工作”的样子（您的孩子不是灰姑娘），而是看作全家共同交流、互相帮助的机会。从18个月开始，孩子就会很乐意帮忙将切好的新鲜蔬菜收拢放进大锅里；4岁起，他会兴高采烈地为弟弟妹妹准备早餐吃的饼干；到了6岁，他已经可以骄傲地独自制作周日晚餐吃的火腿馅饼了。

传递爱

厨房不仅是大家手忙脚乱按照食谱操作的地方，更是建立家庭成员之间紧密连接、增进感情的空间。在法国，有一半的人都是跟着妈妈、爸爸或是祖母学做饭的。

厨房是汇聚气息、味道和食物的地方，也是家庭日常的重要环节。每一个家庭成员都应该关心下一顿吃什么、下一餐怎么安排。不用去理会电视里那些大厨推荐的漂亮精致菜肴，全家人参与厨房日常事务最重要的一点是始终考虑到他人的感受，努力做到既营养又愉悦！

让孩子收获终身受益的饮食思维习惯

下厨做饭，这是一个静心体验饥饿的过程，而不是匆匆忙忙地将食物放进微波炉加热两分钟就了事。通过进厨房，孩子会逐渐发现，原材料的品质决定了整顿饭的品质；更可以直观感受何为“少盐少糖”，亲自尝试添加适合分量的配料。由此孩子会形成对每一餐、每一种食物的尊重，知道应该给自己和周围的人制作怎样的优质餐食。此外，孩子会掌握各种饮食知识，了解怎样吃才能既美味又健康。

为什么孩子进厨房会让你们的生活更简单

或许您会认为让孩子进厨房帮忙反而会让日常生活安排变得更加混乱。其实不然。只需要稍作布置，您就会收获意想不到的奇效。请注意：我不是说孩子进厨房后一切还会保持整洁，也不是说您必须要有钢铁般坚定的耐心才能面对孩子体验厨房家务时的种种状况。我只是想提出一些小建议，让您在购物、下厨和其他一些家务上做出有利于孩子参与厨房活动的规划。

规划好菜单

当然了，您最好是规划好未来一周的菜单！这看上去有点长，但一周一次总好过每天花时间去想今天到底吃什么、无数次打开冰箱找灵感、隔三差五跑去街角的小超市购买临时发现缺少的什么东西……

少花钱、吃好饭

告别各种混乱，不再购买垃圾食品，避免重复而无用的消费……有了一周饮食的总体规划，我们可以有意识地选择当季食材进行平衡搭配。一定要坚持哦！

孩子越来越有参与感

跟孩子一起制定规划，这是防止他在用餐时嫌东嫌西的最好方法！另外，将每周菜单张贴出来之后，您就可以很方便地安排孩子洗土豆、削胡萝卜，然后慢慢增加一些复杂的任务。您只需给孩子说明要求，再一步步地示范给他看，孩子很快就能学会并且掌握要领，只要相关任务是与他的年龄阶段相匹配的。4岁起，您就可以在他愿意的情况下，给他布置很多厨房任务了，接下来就尽管享受愉快的亲子下厨时光吧。

餐食内容也是亲子教育中的一大挑战，请参见第225页了解更多详情。

让孩子进入厨房好处多多，不要把下厨看作一项孩子不可能完成的任务。只需要一些简单的准备工夫，下厨就可以成为一种司空见惯的日常行为，即使不用孩子每天都做，至少让他感到随时可以尝试融入这一重要的家庭活动。您也可以从亲子烹饪中体会到很多乐趣。那就付诸行动吧？

布置适宜环境，准备与孩子身材相匹配的厨具

90厘米高的操作台、成人高度的抽屉、高高在上的橱柜、厚重而危险的厨具，对孩子没有经验的小手如此不友好的厨房显然只能是大人们的世界。要让孩子走进厨房参与下厨活动，您需要怀抱同理心重新布置一番。

让孩子够到操作台

孩子通常喜欢跟我们肩并肩一起工作。这种亲近不仅可以满足他们的好奇心（大人们做的事情和操作台上发生的一切都太有趣了），还能表现出某种程度的平等（我不只是打打下手，我在厨房的地位跟大人是一样的）。但如果是90厘米高的操作台，光靠小矮凳还是不够的。

在美国，我们可以买到一种专门的“学习塔”（Learning tower）。就是一个高1.2米的木制塔状工具，三面封闭（为了安全），一面有小阶梯方便孩子自己爬到平台上，这样的高度正好可以够到操作台、洗碗池等，从孩子16个月到5、6岁都适用。

这种辅助工具可能不容易买

到，如果父母预算有限，那只需要准备一张简单实用的椅子就可以了。但我必须强调一点，“学习塔”绝对不是华而不实的。

* 它可以切实鼓励孩子与我们并肩下厨，方便孩子操作或者观察。
* 当孩子专注于手头上的事情（下厨、洗手等）时，往往会忽视安全，而学习塔可以提供最可靠的保护。
* 由于设计精巧，孩子可以最大程度锻炼运动感知能力。

上网搜索一下，您就可以订购一只现成的学习塔，或者查到简单廉价的方法——教您自己制作的木工图纸。

给孩子准备适合其小手尺寸的厨具

您见过学校食堂里那种巨型打蛋器吗？还有大型餐厅用的那种超大号汤勺？想想您自己要把它们拿起来得多么费劲。您的孩子在拿正常规格的厨具时，也是一样的感受！

所以，一定要为他们准备符合他们手掌大小的切刀、打蛋器、削皮器、木勺和擀面杖！我不是说那种仿造的厨具玩具，而是真正实用、只是尺寸缩小及/或包含各种防护措施的厨房用品。

当然，我要事先说明，要找齐这种合适尺寸的小厨具并不简单！但还是要坚持寻找，随时把孩子双手的尺寸记在脑子里，反复让孩子试用，这样多进行几次，最后一定能找到让孩子和您都能愉快下厨的满意厨具！

给孩子一些小号碗碟和沙拉盆，方便他堆放自己处理的食物，或是将削下的皮收拢后倒进垃圾桶。准备一块小海绵和一张小抹布，方便他自己收拾残余和擦手。

最后，给孩子穿上合适尺寸的围裙，这不仅可以防止衣服弄脏，还可以明确下厨任务的开始和结束。

为孩子定制一个专门的橱柜或抽屉

2岁、4岁或6岁孩子的高度还看不到抽屉里的东西，更不用说去开那么高的橱柜了。冰箱上层也是很难够到的。那厨房是不是只有大人才能进呢？

您应该为孩子定制与他身高相匹配的橱柜或抽屉，只供他一个人使用。

√ 橱柜/抽屉内容：

★ 所有下厨所需用品。注意一定要有序排列（不同用品间空出一小段距离，或用盒子隔开）；

★ 餐具（碗盘及其他餐具）及餐布，便于孩子自己铺餐桌；

★ 几只玻璃杯和一只装好水的小长颈瓶，便于孩子口渴时自己倒水喝；

★ 一些健康小点心（如榛果或杏仁、几块薄脆饼干或面包片）；

★ 一块海绵、一张抹布、一个簸箕和一把小扫帚，便于孩子自己清理餐桌和其他不小心打翻的东西。

√ 不如选用蒙氏托盘吧？

除上述内容外，还可以准备一个蒙氏托盘，将所有下厨有关的东西都摆放在里面。比如：

所有用餐所需工具
几个练习托盘和一种健康零食
厨房用具和清洁用具

小贴士

健康小食

适合孩子的健康小食很多：干果、核桃、薄脆饼干、面包片、胡萝卜、香蕉、橘子、苹果、葡萄，等等。不要担心，直接将它们放在孩子够得到的地方。您会很惊奇地发现，孩子在可以自由获取之后，需求反而会变少，也不再会总是要吃糖果和其他糕点。但需要注意，一定要控制小食的总量，并且明确告诉孩子，每天的量吃完了不会再添加。最后，尽量将小食放在橱柜里，而不是架子上：孩子跟我们一样，要是好吃的东西随时都能看见，他们会变得更馋！

★ 一个小餐盘、一根香蕉、一把圆头刀和一只放置果皮的小碗，这样孩子就能自己制作健康小食啦。

★ 一个榨汁器、一个玻璃杯和一个橘子，孩子可以自己榨取新鲜果汁，同时还能锻炼手部肌肉。

★ 几颗樱桃、一个去核器和一只放置樱桃梗及樱桃核的小碗。

★ 一个饮料袋和两个小玻璃杯，便于孩子练习倒液体（可以用马克笔在玻璃杯上标一个刻度，明确倒满的位置）。

上述搭配可以根据季节的不同以及孩子自理能力的提高进行调整。

小贴士

布置和收拾餐桌

从18个月开始，孩子就能听懂类似这样的指令："你能把橘子皮扔进垃圾桶吗？"他会非常骄傲自己能够听懂指令，并且会积极地完成任务。2岁起，就可以要求孩子自己收拾餐桌上的小碗碟以及其他够得到的餐具。这些日常活动形成习惯以后，孩子会非常自然地一直执行下去，即使年龄大一些后也很少表现出不耐烦。比起等孩子满18岁了再请他帮忙，从小培养自理习惯要容易得多。

最后，想要鼓励孩子自己布置餐桌，您可以先示范一遍为别人准备餐具，然后请孩子模仿您做一次。您也可以制作一块餐台布，在上面各种餐具对应的位置画出它们的轮廓（叉子、盘子，等等），帮助孩子更快掌握布置餐桌的技巧！

开饭啦！

在餐桌上，我们非常注重的环节主要包括优雅进食和有礼貌意识。孩子需要通过大量观察、记忆和训练才能完全掌握所有要点。我们可以安排合适环境，帮助孩子运用一些小技巧来更为容易地获得这些技能。

几件必不可少的辅助用品

为了让孩子保持正确用餐姿势，方便孩子学会自己吃饭，您需要在辅助用品上多下些功夫！

√ 从餐椅开始

餐椅必须舒适（包括靠背和坐垫）和牢固。孩子的脚也保证能够碰到地面（如果您准备的是一个小凳子）或可调解式脚踏板（如果孩子与你们同桌用餐）。如果无法满足上述条件，孩子就不能保持正确的用餐姿势，反而会由于姿势别扭而产生不

安全感，并且很容易感到双脚发麻，无法专注吃饭；更不用说体验感官的乐趣了！

√ **精选餐具！**

充分信任孩子，为他们准备高品质的餐具，要货真价实的餐叉（他们不会动不动就往眼睛里戳的）和可以切食物的圆头餐刀。当然，手柄部位也不能忽视，一定要挑选符合人体工学的设计。如果您觉得花费过高的话，也可以选择切黄油用的小刀和吃蜗牛用的小叉（三齿的那种）：低龄孩子用起来都非常方便！

在吃饭的时候，孩子会十分专注地观察大人们的一举一动，然后试图模仿下来，特别是使用餐具的方式。但即使您非常注重自己的用餐姿势和礼仪，还是很难教会孩子怎样准确握住餐刀进行切割操作。我们建议您在餐具合适位置上用指甲油标注两个点（在餐刀的刀刃和餐叉柄的末端）：第一处用有颜色的指甲油，让孩子明确摆放的位置；第二处用透明指甲油，让孩子感受到轻微的“凸起”，以便确认手指位置。

√ **同时要注意……**

餐桌不仅是我们自己用餐的地方，也是为其他家庭成员服务的地方。从2岁开始，孩子就可以参与到餐桌上的互动合作中来。我们建议您为孩子准备一个带大手柄的长颈瓶，里面能盛放500毫升左右的水量即可（既可以满足几个人的喝水需求，对孩子而言又不至于过重）。

在全家人一起吃饭时，让孩子用汤勺将食物舀进自己的盘子里。这样孩子可以按照自己的需求来判断分量。如果孩子老是“眼睛大肚皮小”，那要提前告诉他，先少取一点，吃完了还可以再盛；但一次拿太多，浪费食物是很不好的。

审视餐桌矛盾

有一个事实不得不承认：家长们在孩子吃饭问题上都显得非常严格。这当然不是错：了解生理需求、发展味觉体验、尊重盘中餐、与家人分享美好用餐时光、掌握用餐规范和礼貌，所有这些都对孩子非常重要。但也正是基于上述理由，我们不应该将吃饭变成一种压力，也不能让饭桌成为战场或是家长喋喋不休的平台！

因此，一定要制定好切实有效的用餐规则，并且耐下心来教会孩子每一步（不要急于求成，一种技能掌握了再进行下一项）。以下是一些应该避免的小雷区和应对方法，您可以在指导孩子用餐时尝试使用。

父母常挂在嘴边的话

√ 不准用手抓！

请不要忘了，对小孩子来说，使用刀叉吃饭并不是件容易的事：四肢平衡、手眼协调、身体稳定、视觉观察、高度集中……这些都需要长时间耐心地学习。因此，如果您的孩子实在太饿了，就让他用手抓着吃吧；您也可以在用勺子喂他的同时，让他用叉子自己完成一部分吃饭任务。

√ 好好吃饭才能长得又高大又健康！

除非有什么严重的疾病，否则孩子是不会让自己饿着的。如果孩子今天没胃口，那就不要强迫他吃：他可能正在专注于做一件什么事情，或是身体要求他集中力量应对内部的微生物，而不要耗费能量去消化食物！

您只需搞清楚原因，他到底是真的没胃口、不想吃某种食物还是想留着肚子吃甜点（见下面一条）。

如果是特别提出拒绝某种食物，那要耐心聆听孩子的理由和要求，为孩子准备其他东西吃（您自己有时也会这样，不是吗？）。但相反，如果孩子常常玩这种花招，只是为了要吃饼干或巧克力蛋糕，那就明确告诉他不可以！

√ 要是不把碗里的饭吃完，就不准吃甜点！

这个威胁真是太搞笑了！您真的以为甜点有那么重要？或者，您以为每个人都喜欢甜点？我们会在后面（见第224页）详细说明孩子的餐食搭配，但首先应当注意提高孩子对蔬菜的兴趣："你有没有把菜放到酱料里蘸一下？你看这个菜的头奇不奇怪？你觉得这个菜的味道是不是很不一样？"

√ 你的手脚怎么那么笨！

唉，杯子又打翻了？叉到的食物又掉到身上了？孩子在学习吃饭的阶段，犯这些小错误是不可避免的。不要一直强调！只需要在孩子身旁放一块抹布，让他自己"处理"："哎呀，面条从叉子上掉下来了！……你知道抹布在哪里吗？"

√ 你吃得好/不好！

这又是一句不当的话！吃饭没有什么好或者不好，这件事只是为了满足我们的生理需要。因此，同样的道理，类似"帮阿姨吃一口"或"再吃三口就不吃了"这样的表述也会对孩子的自我感知产生负面影响，让孩子形成一些不好的饮食概念：吃只是为了取悦别人、要"使劲吃”到盘子见底……了解孩子的口味和习惯已经很难了，不要再让事情变得越来越复杂！

孩子常挂在嘴边的话

√ 我不喜欢……

孩子们拥有1万条充满活力的味蕾，而成人只有5000条，咖啡、香烟、口香糖……都是麻痹味觉的因素。

因此，孩子的厌食情绪可以达到非常强烈的程度。某些口味确实需要花一些时间才能被接受。有很多东西我们在孩童时期不喜欢吃，但等长大一些就爱得不得了！您还能记起自己第一次吃牡蛎的感觉吗？您的母亲做出一顿火锅时，您的最初印象是什么？永远不要去强迫孩子。最重要的，就是品尝。他此后会慢慢改变自己的想法。

√ 不吃肉！

孩子常常会对肉（或者蛋）反感。随他去，很有可能是他身体自发的要求。我们通常摄入的动物蛋白都会超标。

您可以试试植物蛋白。如果孩子还是拒绝呢，那就按照下面的建议：等孩子告诉您他想要什么……这也往往就是他真正需要的！如果您总是顽固坚持自己的看法（“他必须吃这个或那个”“他必须摄入……”），很有可能陷入和孩子的大战。我们只需保证给孩子提供健康的食物，他会自发平衡饮食。

√ 不吃菜！

将每种蔬菜的故事讲给孩子听，从播种开始一直到最后的购买。让孩子自己去了解蔬菜还没烹饪前的样子，让他去触摸、闻嗅和观察——

还可以拿起放大镜来看哦！然后给孩子解释烹饪过程，最后再请他品尝。展现盘中餐食的方方面面，再让孩子慢慢体验（借助其他感官），这样有助于克服孩子的抗拒心理，甚至激发他的食欲！

鼓励孩子注重用餐礼貌

“手放在桌子上。”“要谢谢谁？”“吃饭时不要说话。”您是不是觉得孩子在餐桌上不够懂礼貌？是不是觉得只有自己的孩子是这样？在我们这个食物丰富多彩的国家，家长们都希望自己手里有一根魔法棒，让还在襁褓中的孩子立刻明白哪些东西是好的，不用后期的反复教育。

全世界的父母都非常欣赏法国人教育孩子的方法和态度！还记得帕米拉·德鲁克曼（Pamela Druckerman）吗？她的那本《法国孩子不乱扔食物》（*French Children Don't Throw Food*）大获成功，雄踞《纽约时报》畅销书排行榜前十名相当长一段时间，还被翻译成了18种语言出版！

该书作者强调，孩子吃饭问题在法国得到了相当大的重视，用餐规则非常严格：“不用的那只手平放在桌面上。不准大喊大叫。未经允许不得离开餐桌。绝对不能乱扔食物，尤其是面包，这是法餐中最重要的食物之一。”确实也没错。帕米拉·德鲁克曼将法国父母的这些教育原则同美国父母采用的一系列不恰当行为展开了对比：只会对孩子发号施令、任由他们不碰鱼类和蔬菜、为了让他们吃下一点东西不择手段、在昏暗房间内的电视机前用餐，等等。事实有点被夸大，但帕米拉是不是把法国人都当成外星人啦？人人都麻木不仁，而且个个胃口超大！

我们当然应该感到骄傲，但是不是也要多思考一下？您难道不认为，想要让孩子做到在餐桌上彬彬有礼，我们必须卸下他们所有的心理包袱吗？是不是应该让实践说话？为正餐和之后的甜点时间注入一些愉快的因素，从而激励孩子养成良好习惯，这样做是不是更好？好习惯需要您的反复灌输，您还能从中收获惊喜呢！

您可以采用游戏的形式帮助孩子记忆。“把手放在桌上”“说‘请’字”“说‘谢谢’”“擦嘴”……这些需要反复多次的话语都可以通过小游戏来巩固。向所有家庭成员明确解释餐桌基本规则（二、三、四、五位或更多成员都可以），请每个人负责一项好习惯。然后可以分配出“请”超人、“谢谢”宪兵队长、“手放桌上”大将，等等。发现有人没做到自己分配到的好习惯任务，就请他在饭后接受惩罚！我可以肯定，孩子一定会玩得非常投入，您也可以享受到舒适愉快的一餐！

您也可以在去餐厅用餐的时候做这样的游戏。孩子已经明白了规则，如果我们有意识地用夸张的方式展开游戏，他们会更加兴奋，接受得也更快！别忘了准备一点小礼物（贴纸、彩色笔、皇冠……）奖励获胜的孩子哦！

最后，可以抽时间给孩子介绍一些世界各地的用餐习惯。告诉他们其他国家的风俗，让他们在某次吃饭期间也模仿一下，这样做会让孩子觉得非常有趣，也是他理解餐桌文化和规则的理想方式。此外，他们还会因此更加欣赏我们的一些行为习惯！

“开饭啦！”：这不是命令，而是邀请！

不要总是急急忙忙，或始终担心孩子吃不饱，这样做难道不是在把吃饭变成一项任务吗？不要再让孩子觉得吃饭是一天中无法避免的麻烦，把注意力真正转移到餐桌上最重要的事情吧：感受美味！

正如奥利维耶·贝纳泽（Olivier Bénazet）非常精准的描述：“对孩子口味的教育与数学教育一样重要。它同样需要时间和耐心；要耐心教会他们饮食的知识，让他们自己花时间去动用自己的各种感官，口腔、舌头、味蕾都需要时间才能变得兴奋，进而将感受到的信息通过味觉神经传递给大脑，最后做出判断和选择。而与数学不同的是，味觉是不会被遗忘的。有多少大学理科毕业生还记得斐波那契数列？又有谁会分不清草莓和其他水果的口味？”

甜、咸、苦、酸、绵密、脆口、辛辣、劲道、柔软：慢慢与孩子交流他们的感官体验（触觉、嗅觉、味觉、视觉），帮助他们丰富词汇，激发他们的好奇心，放慢节奏让全家人尽情享受餐桌上的愉快时光。这应该也是所有学习的要诀所在！

★

我们非常清楚食物在自己的孩童时代留下过多么深刻的印记，无数清晰、有趣而又爱意浓浓的记忆都会不断涌现！是时候让我们的孩子来形成自己的美好回忆了！让我们共同帮助他们收获最愉快的美食记忆，让孩子学会热爱美食、敢于自己动手！只有这样，他们才会真正变得慷慨而又对生活充满热情！

愉快用餐的准备工作

厨房内

为孩子配置一个专门的橱柜，内放以下物品：

- 便于孩子操作的小型厨具（切刀、打蛋器、木勺、擀面杖、榨汁器、刮皮器等）；
- 放置餐具必备的置物架；
- 小型玻璃杯若干；
- 餐布，可在其一角系上橡皮筋（便于孩子独立悬挂和拿取）；
- 海绵、清洁刷—簸箕套装、抹布；
- 一个或几个托盘（便于放置餐具，或搬运小点心）；
- 小碗及沙拉盘若干；
- 放置健康零食（榛子、杏仁、脆饼干等）的封闭式透明小罐，以及盛放橘子、香蕉、葡萄等水果的小篮子；
- 围裙。

最好再配置一个垫脚凳。

餐桌旁

- 提前准备好让孩子布置餐桌的辅助工具；
- 一个小长颈瓶；
- 符合人体工学的餐具；
- 可调节的舒适座椅（入座安全，并配有脚踏板）。

什么年龄做什么事

2岁	· 用勺子或叉子独立吃饭 · 用玻璃杯喝水 · 会使用就餐礼貌用语 · 帮忙摆桌子 · 用带把手的托盘端东西 · 用海绵擦桌上的积水 · 收拾桌子 · 认识食物并说出其名称 · 帮忙拿水果或蔬菜 · 将水果丁或蔬菜丁放入平底锅或沙拉盘中 · 撕碎生菜 · 扔垃圾 · 剥水果（橘子、香蕉） · 准确表达饿和渴
3岁	· 铺桌布 · 用餐刀将食品推送至餐叉位置，固定后再切割 · 自己倒水喝 · 选择菜谱上的配料 · 清洗水果和蔬菜 · 将松软及中等硬度的食材切丁 · 剥鸡蛋、榨橙汁、用叉子压香蕉、剥豆荚、去除甜瓜籽或西瓜籽 · 混合搅拌液体或固体佐料及配菜 · 揉面团 · 准确感受饿和渴 · 独立吃小点心 · 帮忙打扫厨房及清洗餐具 · 分类整理抽屉中的餐具

- 独立敲开生鸡蛋、将鸡蛋打散、用擀面杖擀面团、倒液体配料、用研杵捣蒜、煮东西（有成人陪同）
- 认识食材、香料、芳香草本佐料，可通过气味辨别
- 了解饮食规律

4岁

- 肚子饿时会自己找东西吃
- 将餐具摆进洗碗机
- 在面包店礼貌询价并付钱购买，大人只需于几米外等待
- 在超市购物时将水果放进袋中，将指定物品放进购物车中
- 帮忙放置购买的物品

5岁

- 根据菜谱图片独立完成简单菜式
- 称量液体及固体配料
- 从洗碗机中取出洗净餐具并放回原位

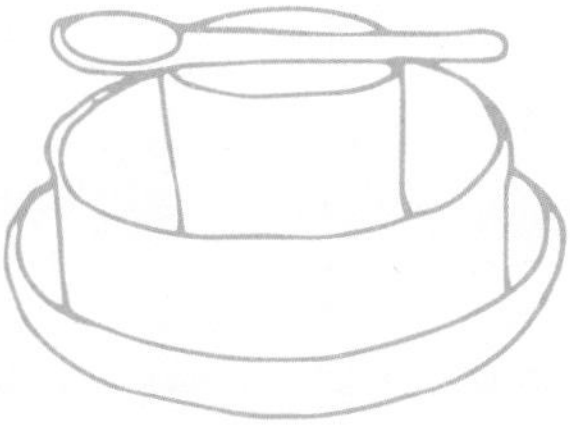

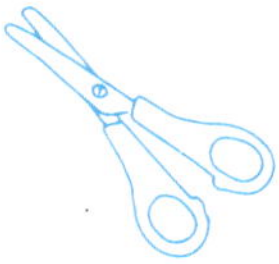

趣味活动

积木、迷宫、洋娃娃、小汽车、小火车、毛绒玩具、体育活动、艺术活动、文化活动、烹饪活动……从孩子一出生，我们便绞尽脑汁地为他们安排活泼有趣、寓教于乐的各种活动。但当我们流连于玩具商店、翻阅新品目录时，常常会将乐趣摆在次要位置，而是一味追求对孩子各种能力的启蒙和拓展……要知道，我们在自己的愉悦体验方面可是不愿意退让半分（啊，儿时的那些玩具啊！）。如何让孩子通过自己的小手来理解这个世界？如何布置房间才能让孩子自由自在地活动？以下是几点建议……

我们玩点什么？

孩子从很小的时候就开始渴望了解周遭的世界。他的小手会本能地伸向一些常常出现在眼前的物品，而并不一定是玩具。您也许已经留意到：礼品包装纸本身比它里面的东西更让孩子感兴趣，包装外盒也是孩子爱不释手的东西。另外，还有衣夹、搭配各种盖子的漂亮盒子、各种装东西的容器、可以塞进小瓶子里的鹅卵石（摇动瓶子听发出的声响、将它们按照颜色或大小分类）等，都是能引起孩子强烈兴趣的物品。

但每次当孩子表现出对这些日常物品的兴趣时，家长们就会第一时间伸手拿走，将他们眼中无趣/没价值/不适合的东西换成买回来的漂亮玩具。

我们为什么要拒绝面对显而易见的现实呢？孩子们总是积极主动地想要学习和了解自己的环境，并且很愿意做一些真实生活中具体的事情。因此，“我们玩点什么？”这个问题，应该是由我们向孩子提出的！因为当我们将孩子的双手填满玩具，而不让他们去碰真正好奇的东西时，我们怎么能说自己知道孩子该玩点什么呢？难道我们不是在阻碍孩子的智力发育吗？那些玩具（即使是“教育类”的）怎么可能比日常用品更有助于孩子理解自己生活的环境？所谓的“仿真玩具”网站和产品目录上随处可见：做饭游戏、工作台、梳妆台、仿真烤面包机、迷你剪毛机……商家们号称2岁以上的孩子都会喜欢！其实不然，孩子们只需观察我们的日常生活，然后精准地将我们的一举一动模仿下来就可以了。而我们不但没有主动帮他们学习自理，反而给他们提供一些拙劣的仿制品。孩子们并不能用这些东西真正完成自己梦寐以求的任务，因为它们只是玩具。

让内特·图勒蒙特（Jeannette Toulemonde）的《与孩子的日常》一书中举了一个非常有力的例子。就在她和自己两岁半的女儿本雅敏一起按照蒙氏理念布置房间时，女儿将所有毛绒玩具都收拾起来说道：“我不需要它们了。”正如让内特·图勒蒙特观察到的：“与玩具营造的狭窄天地相比，她更愿意走进我们日常生活的大舞台。”

玛利亚·蒙台梭利也发现，孩子们在“投入工作”时状态最愉悦、

小贴士

安德烈·斯特恩的自主学习之路

著名教育学家兼学者阿诺·斯特恩（Arno Stern）的儿子安德烈从来没接受过正统学校教育，也没有在家上私教课。他的父母坚信“孩子天生就具备无法复制的最优秀、最适合、最令人难以置信的学习机制”，因此他和妹妹在童年时期完全没有接受任何正规培训。自由、随性、无人打扰的游戏环境让安德烈得以始终按照自己的节奏学习，他慢慢地掌握了阅读、计算、弹吉他、5种语言，甚至对埃及学产生了浓厚兴趣……父母对他和他学习能力的信任是多么坚定啊！这样特殊的“自主学习”经历真正打造出了才华横溢的成年人（我推荐大家去看一部非常有意义的电影——《自学成才》）。

如今的安德烈觉得自己始终是个孩子，一直在不停地“玩耍”。每当有人问他的“职业是什么”时，他都忍不住笑起来！他是做什么的呢？他的职业丰富多彩：制琴师、演讲师、作曲家、记者、演奏家，他还是个和蔼的父亲和专情的丈夫，写出了多部作品，还领导着一个名叫“未来的人们”的团体……他的时间安排随心所欲，不管今天是周日还是周一、8月还是11月，也无论现在是早上10点还是晚上7点！一般人的生活模式（工作/休息、事业/娱乐）在他这里完全不存在！他自己懂得安排行程、转换角色，能完全感知周围人的需求和目标，并且随时准备好竭尽自己的全力。

最平和、最有光彩。这一结论基于她对自己学校那群来自社会底层孩子的观察，她在走访其他一些国家时也了解到当地人并不给孩子提供玩具。

最后一点反思：让孩子只接触玩具而不能使用日常工具，会不会造成他们认为享乐比工作更有价值这样的错觉？让他们误以为只有游戏才能给人带来快乐，才能让人发挥才能？是不是会在他们脑中形成“凡工作皆辛苦，凡闲散皆快乐”的对比？这难道真的是我们想要传递给孩子的价值观吗？

我并不是说完全不能给孩子玩具，但现在的问题往往是孩子身边的玩具早已泛滥，而其中的大部分都毫无意义：他们表现出来的毫不在意（立即或是很快就会表现在脸上）的态度就能说明一切。因此，在给孩子准备礼物之前请考虑清楚：这件礼物到底是为了我们自己开心还是真的站在孩子角度购买的？观察孩子：最近他对什么东西真正感兴趣？如何满足他们的求知欲和探索欲？选择简洁的玩具即可，不要那些又会说话，又会眨眼，还能锻炼孩子平衡能力的所谓多功能玩具！最后，一定要转变思路：礼物不是非得买玩具！为什么不趁机买一些真正漂亮实用的工具：画架、手工劳作台、简易的照相机、园艺用品、压花器或缝纫器具？为什么不为孩子提供体验丰富、高质量的亲子共享时光？

就跟我们在现代生活中的许多方面一样，对于孩子的玩具，我们也应该做到“少即是多”！

手的智慧与日常挑战

手是人类区别于地球上所有其他生物的特质。用手抚摸和抱起小婴儿（唯一在出生时还不会行走的哺乳动物），可以向他传递爱的信息，让他体会到什么是情感。通过手部动作，我们可以向他人致意、结识他人、形成关系。

选用真正的工具而不是玩具……

手可以制造工具，有了工具又可以反过来提升人类的力量、精确度、速度和创造力。

从亚里士多德（“人类拥有双手，因而成为所有生灵中最智慧的”）到康德（“手是大脑为人所见的那一部分”），很多伟大的思想家都关注到了手在建构人类智慧中的重要性。玛利亚·蒙台梭利在《儿童》（L'Enfant，1936）一书中用了整整一章的篇幅讲述手的作用，强调灵活动作甚至有助于理解抽象的概念！

我们再来看看神经外科专家怀尔德·潘菲尔德（Wilder Peinfield）的“侏儒图”。这一侏儒形象是通过首批大脑神经绘图机器画出的，通过该图我们可以了解到身体每个部分对应于大脑中运动控制区域的面积比例。因此得出的这一怪异形象拥有小身躯、大头、大嘴和一双巨大的手！正如潘菲尔德在20世纪30至50年代已经证实的那样，手部动作占据了大脑的最大面积。

您明白我要说什么了吗？当我们为孩子开始走路和开口说话而兴奋不已时，别忘了努力帮助孩子拓展他们双手的能力，这是培养他们独立自理的重中之重！

没错，我们的孩子总是爱“搞东搞西”，这些小动作在我们大人看来都是应该制止的，但实际上这是他们发展智力的必经之路。那么，怎么从孩子小时候就开始锻炼他们的动手能力呢？

放手让孩子去碰

孩子会不知不觉地朝着吸引其好奇心的东西爬去。玛利亚·蒙台梭利称其为孩子在大脑神经发育过程中的“建构行为”。因此，孩子做某种动作时，通常会有明确的目的：感官探索、肌肉练习、完善某个动作、推理、开启新技能——这些目标或许孩子是出于本能，而成人也不见得完全理解。

孩子的生活环境里到处都是令人兴奋、值得探索的元素，放手让他去碰，只需将危险易碎物品放到孩子接触不到的地方就可以了。这样不仅能减少很多不必要的冲突，也不会打断孩子的好奇心。某些易碎品也可以尝试给孩子触摸，让他明确了解触感。

多为孩子准备一些材料舒适的探索物品。可以让孩子触碰所有小东西（您在一旁留意保护），如珍珠、螺丝和纽扣：2岁的孩子对小玩意儿非常感兴趣，伸手玩一些小东西会使其手指灵活度和准确度大大提升！放手让他去搬重一点的椅子：2岁的孩子需要开始锻炼肌肉和运动能力。

放手让孩子去试

当孩子说“让我自己来”的时候，要敢于放手。这并不是什么“心血来潮”，而是神经系统的发育需求！留出充裕时间，让孩子自己尝试爬楼梯、扣纽扣……这是他的大脑做出的要求。

我们常常无意识地为了求快而代替孩子“做”了他本想自己完成的事情。这是在他还是婴儿的时候我们已经养成的习惯，我们认为这样是好家长和好监护人的一种表现。但这是绝对错误的做法！这样做其实是在冒无用的风险，并且让孩子失去了宝贵的锻炼机会！

所谓风险，是让孩子以为大人比我更清楚自己需要什么，只有大人才“有能力”。事实上，我们是在突出孩子的无力和无能，剥夺了他自主判断的权利，让他逐渐失去自信心、求知欲和参与日常家务的热情……

而说到锻炼机会，其实到处都是。每一项家务劳动都是锻炼孩子动手能力的机会，也是我们向孩子“展示”感官和运动体验的机会。

让日常挑战更有意义

给植物浇水、擦桌子、按颜色或尺寸整理书本、用刮刀清洁玻璃、剥豆子，所有这些活动都会让孩子异常兴奋。为什么呢？因为这会让他们觉得自己参与到了“真实生活”！当孩子们在完成一项真实的家庭任务时，他们的态度会非常认真，因为我们让他们承担起了真正意义上的责任，让他们有了自信！出于对各种新鲜体验的好奇，孩子们会积极完成我们布置的所有任务，从而逐渐培养起独立能力。

家务劳动都有明确的起始和结束状态，因此孩子可以立即意识到并纠正自己的错误（无需大人提醒）。此外，各种参考标准也可以帮助孩子了解任务完成的进度（“地板已经有一半拖过了，我现在还剩下另一半要拖”）。有始有终地完成各项任务（达到既定目标）会使孩子获得极大的满足感。

无论让孩子完成什么家务，都有助于他自行调整动作，有逻辑地自行组织安排，并且在较长一段时间里集中精力。您是否注意到，孩子非常喜欢不断重复相同的动作直到能够完美掌握？因为相关动作的机制正在其大脑中不断塑型和建构。看到他们如此投入的样子，大人该多么开心啊！

减慢示范动作

孩子们缓慢探索的这些动作，大人都可以无意识地迅速完成。但当孩子要求示范学习的时候，请一定要减慢动作节奏，并且弯腰到与孩子身高相当的位置。可以将动作稍微夸大一些，但是要注重准确性。不要解释过多（孩子没办法一边记您的动作，一边听进您说的话）。最后请牢记，一定要有耐心。

低龄的孩子喜欢按照完全相同的指令做具体的动作。如果他一直重复做某个动作，一定是因为他觉得有必要再多加练习，这样他才能逐渐掌握动作。如果他对大人做的动作不感兴趣，就说明孩子还没有准备好，这项任务暂时就不要给他做。

当孩子不耐烦的时候，切记不要伸手替他做！让他自己感受困难之处，这是很重要的。继续鼓励孩子："这的确很难。我自己也是花了很长时间练习才成功的。我相信你一定行的。"

最后，永远不要打击孩子，即使他没能完全按照您的要求去做。信心使人成长，错误也是有建设性意义的。我们给孩子示范新动作后，他在练习过程中总会失误几次，但每次失误都会帮助他不断完善，只要一直鼓励他坚持下去就可以了！

全家总动员，打造舒适家园！

日常任务，尤其家务，是孩子们最感兴趣的活动！而我们常常都舍不得让自己的心肝宝贝去扫扫地、擦擦桌子，因为我们总认为童年是生命中非常珍贵的一段时光，而且把家务看成是让人讨厌的事情！

这是现代家庭教育的众多矛盾之一。无数家长都梦想自己的孩子很早就会阅读和写字、会说流利的英语、面对生活困境时表现出足够的自信。然而，很少有人想到让自己的孩子帮忙整理衣物或是收拾桌子，要知道，这些行为才真正有利于孩子的成长发育！

孩子的重要体验

无数科学研究都证明了家务劳动的重要性！在一项针对84名3~15岁孩子超过10年的跟踪研究中，玛蒂·罗丝曼（Marty Rossman）向人们证明，从3~4岁时就开始参与家务劳动的孩子具有更加坚韧的品质，在此后的学业上也更加成功！这比他们的教育模式和IQ的影响力更大。同样的结论不仅适用于学业或财务方面，甚至还体现在感情生活中！

人类学家卡洛琳娜·伊兹奎尔多（Carolina Izquierdo）也提供了一项分析论据：家务劳动有助于发展孩子的注意力、自信心、同理心以及集体意识。关心家庭、全家共同生活于和谐氛围、保持家中环境清洁整齐、尊重每位家庭成员的私人和公共空间、互帮互助、培养实实在在的归属感，这些都是完成家务劳动可以带来的好处。

孩子的愉快体验

以前的孩子都是自然而然地参与家务劳动（现在的一些传统社会仍是如此），但如今很多家长都会大包大揽，甚至干涉孩子自己的空间和物品。这种趋势越来越明显：超过80%的美国父母记得自己小时候曾经帮助家里做过家务，但如今只有28%的人会让自己的孩子做家务。在洛杉矶，卡洛琳娜·伊兹奎尔多走进30个家庭进行跟踪调查，其中没有一个孩子主动做家务，即使只是布置餐桌或自己穿衣服！更糟糕的是，在家长多次要求其完成某项家务后，孩子还会得到表扬或奖励。

这种情况会让您联想起什么吗？我很怀疑！由于不了解家务的诸多益处，也出于方便的考虑，很多家长都喜欢在自己做家务时让孩子去看动画片，这样可以腾出空来。为什么不尝试一下坚持让孩子动手参与呢？让孩子参与到扫地、做饭、园艺、洗衣服这些家务劳动中来，这样的确有些费时间，但只是多花了这点时间，您的孩子就得到了宝贵的动手机会。他可以试错、学习、练习，最终掌握这些动作。这从长远来看，不是节省了时间吗？

我们不是说要您把自己的小宝贝变成“现代版灰姑娘”，而是让他们端正做家务的态度，有意识地参与其中。家务是孩子们愉快体验的重要部分，不要将它们看成苦役！为了孩子和大人的共同利益，放手让他们洗衣、修补、收拾吧。当然，大人的态度一定要亲切温和！

应该给孩子安排哪些任务？

3岁前

孩子自己会表现出对成人某些动作的模仿兴趣。海绵、扫把、抹布等，都可以交到孩子手中。您只需要观察他、聆听他的需求，再投其所好就可以了！

3岁后

列出一张明确而具体的家务分配表：擦桌子、给植物浇水、扫地、布置餐桌、清洁整理自己的储物架、折叠洗干净的袜子、削铅笔、将餐盘中的残余物倒进垃圾桶，等等。每个家庭成员（大人当然也包括在内）都必须选择一项或几项本周内应该负责的任务。如果没有人愿意主动承担家务工作，则按照每个人的能力和性格进行合理分配。女儿很细心？那就安排她擦玻璃。儿子缺乏运动？晚饭后负责擦桌子就能锻炼他的四肢。您在完成自己的任务之后，要当着孩子的面在表格上打钩，这样有利于激发他们的好奇心和积极性！

循序渐进

一开始应当让孩子承担一些与他自身直接相关的家务：收拾自己的碗盘、折叠自己的内衣、打扫自己的房间、整理自己的床铺、给自己的皮鞋打蜡（用一把小鞋刷和一管迷你蜡油）。接着再让他慢慢参与其他家务，如给植物浇水、用去污刷或去污剂清洁镜子。

所有这些家务能力的学习都离不开循序渐进的合作。孩子起初需要跟在大人身边，从参与家务的一小部分开始。随着能力的不断提升，他负责的部分越来越多，最终实现独立完成某项家务。

注意在完成家务后，要充分肯定孩子的参与，认可孩子的努力，将孩子视为最佳合作拍档！

使用真正的家务工具

再强调一次，一定要使用真实的家务工具，而不是玩具，且尺寸要符合孩子的年龄：80厘米高的木扫把、小型清洁刷加簸箕组合、小桶和海绵（迷你型号或方便抓握的拱形）、装水的小盆、迷你玻璃刮刀、迷你洗

刷子
小桶
肥皂
簸箕和扫地刷
喷壶
小海绵
扫帚

擦拭、收拾、清洁……对孩子来说都是非常愉快和有成就感的任务！

碗刷、微纤维拖把、小块抹布（边长为25厘米的正方形就足够了），等等。

要让孩子完全独立地展开家务劳动，就一定要避免使用含有害物质的洗涤用品。仔细检查一遍家里的各种清洁剂：不需要对化学有多么在行，只要看到那种带骷髅头标志的产品千万别用就行，它们对环境和您家人的健康都有害无益！另外还有一些实用配方（而且价廉物美）是所谓的“祖母辈”洗涤首选：黑色肥皂、马赛皂、苏打粉、白醋。试试吧，一定会让您眼前一亮！您还可以在这些经典原料的基础上添加一点精油，自制集除臭、杀菌、防腐、去渍等功效于一体的安全清洁剂。

还可以准备几个小垃圾桶和方便孩子操作的小喷壶，这样就更完美了！从教孩子装水开始，一步一步演示如何使用各种工具，然后将这些家务工具交到孩子手中，让孩子真正在实践中体会和学习。

将所有家务工具放于指定位置（也就是您平时放自己劳动工具的地方），告诉孩子随时可以在需要的时候自己去拿工具做家务，做完以后记得物归原处。

你我他一起来收拾整理

收拾房间好像是很多家庭的主要争吵原因之一。那么孩子是不是真的有能力收拾自己的物品呢？明确的示范、有条理的安排、清晰的指令，以下是帮助您理清思路的问题清单，得出清楚答案后一切就会变得越来越顺利。

* 我们有没有明确收拾的定义？是将用过的物品放到架子上、收拢在地上一角，还是放进对应的容器内？

★ 我们是否做到让孩子按时收拾用过的物品，而不是等到处都变得乱七八糟时再提要求？“玩另外一个游戏之前，我们先把这个东西收好”；“吃饭前，我们先花五分钟收拾一下”；“上床睡觉之前，得先收拾好房间”。

★ 我们有没有为孩子提供方便他们收拾东西的工具，有没有充分考虑到他们的身材、力气和能力？卧室门背后的大号挂衣钩，收纳盒外注明内容物的磁铁片，用回收利用的玻璃瓶或塑料包装盒放一些便于孩子绘图、剪裁和做手工的毡垫、剪刀、夹子等小工具。所有这些都有利于鼓励孩子主动收拾房间。

★ 堆放过多物品往往会让收拾房间的任务变得更加困难。所以，断舍离！可以把闲置的玩具送给亲朋好友、慈善机构、医院和儿科诊所，他们都会很愿意接受这样的馈赠！在每次重大日子（圣诞节或生日）到来时，向他人赠送物品不仅有利于培养孩子慷慨大方的品质，也可以为购入的新玩具腾出空间！

有效解决了上述问题，您的客厅和孩子的卧室都将焕然一新，您也会极大地减少与孩子因为收拾房间问题而导致的冲突。

培养灵活度和专注力的活动托盘

“活动托盘”是蒙氏教学法中最为大众熟知的一大特色。此类教具主要关注的是合适的尺寸：鼓励动手操作、发展专注力、规定活动范围……并给予孩子最大限度的主动权！那么首先我们应当明白这种有效的教具是如何发挥作用的！

如何安排活动托盘中的物品？

很重要的一点是，玛利亚·蒙台梭利在设计托盘内容时旨在将每一步孩子需要掌握的动作分解开来。这样做有两大好处：

★ 日常生活中，我们的动作都是连贯起来的，整个过程较长而且复杂。托盘内容仅为集中训练连贯动作中的其中一步。如“穿衣框”教具，孩子可以在上面安静便捷地练习如何开关拉链，重复多少次都没问题，这比每天急匆匆地出门之前要求孩子赶紧套上衣服、拉起拉链要轻松得多。而且将衣服穿上身之后再练习拉拉链，难度本来就更大。

★ 将系列动作分解成一个个“小”动作便于循序渐进地增加难度。一步一个脚印地掌握各项技能对提高孩子的自信心有很大帮助！因此，您在准备托盘物品时，请记得遵循这一规律！

其他不容忽视的注意事项

准备的物品是否在真实生活中切实可用？扣纽扣、分拣核桃和榛果、倒水、缝补等都是常见的家务劳动，孩子在明确任务的重要性后就会全身心投入练习。

★ 这就是自理能力的源泉！而相反，将小绒球倒进冰块格或是把弹珠放进皂盒透风孔，这类练习就毫无意义。孩子很快就会发现这一点，并且从此失去兴趣。

★ 要便于布置任务和精细操作，最好可以采用一些小篮、小筐和小盒子，分门别类地放置托盘上的不同物品。可以让孩子尝试使用一些易碎物品。一定要注意物品的尺寸，毕竟孩子的手还很小！精心布置托盘，注重美观和寓教于乐，通过有序和谐的安排来吸引孩子的兴趣。

★ 在给孩子介绍活动之前，您必须自己先试做几次，确认所有物品都切实可用，且便于自行纠错（这样有助于提高孩子的自信心和自尊心）。另外，亲身体验后也可以在介绍时更加声情并茂、有的放矢。

★ 最后一项建议：精心选择材料。每个托盘需明确限定孩子的活动范围，让他们能够完全自主地进行练习：选择带把手或宽边的大号托盘，便于孩子自行移动。出于操作考虑，教具的质量是第一位的：重量适中，材质优良（木质、柔软棉质、羊毛等），色彩纯净天然。自己触摸感受一下，就可以知道孩子是否会喜欢。

√ 有用的小贴士！

您可以在厨具或家居类商店、创意用品类商店、收纳类专业网站、旧货集市等地方买到托盘、小篮、小筐和小盒子。大部分的辅助用品应该就在您的抽屉和橱柜里！

可以让孩子进行哪些活动？

再强调一次，观察是最重要的。孩子会随着自己能力的不断提高，从对一种活动的兴趣逐步转向另一种。以下就是几项经典的蒙氏教学活动。

“倾倒”练习

孩子们对这项活动非常感兴趣，因为其呈现方式多种多样。首先可以训练孩子倾倒种子类物品（从鹰嘴豆等大颗粒开始，逐步过渡到米粒等小颗粒），从小水壶倒入碗中。倾倒颗粒物比倒水容易一些。

倾倒动作掌握之后，可以开始练习倒水（旁边准备一块海绵，让孩

子自己“修正”错误），循序渐进地增添水量和提高难度。

★ 使用不同形状、不同尺寸、带把或不带把的水瓶进行练习。

★ 先将水倒入碗中，再倒入杯子中（杯子的尺寸逐渐变小；也可在容器外标注刻度），训练孩子的动作准确度。

★ 可以用颜料将水染成不同颜色，让孩子识别第一次倒入和第二次倒入后色彩的变化（先倒入一种颜色，再混入另一种，让孩子观察变化）。

★ 还可以增加漏斗、吸管和注射器等辅助工具。

转移练习

这也是所有孩子都喜爱的一项活动。先让孩子从用手直接转移物品开始，然后迅速过渡到运用各种大小的勺子：长柄大汤勺、漏勺、平底勺，以及形状各异的夹子。

这类练习旨在训练孩子的精细动作和灵活度，并且间接为他们动手写字做准备：看看您用夹子时手指的位置，其实跟握笔姿势如出一辙，掌握了正确使用夹子的方法，以后教孩子写字就易如反掌了！

挑选和分类练习

孩子们会完全沉浸其中，注意力高度集中。挑选出户外采摘的秋季果实、选出两种不同的种子（比如白豆和红豆）、将色号图上剪下的各种颜色按从浅到深的顺序排列、将盒子里的纽扣按颜色或大小分类、选出可以漂在水面上的物品、分出尖利和柔软的东西，总之，分类的规则是无穷无尽的。

在室内或室外，按照季节变化或孩子的兴趣，您可以找到各种训

练其分类能力的灵感，还可以随时调整及/或增加难度（经过几天的训练之后）。不断更新分类活动的内容有助于刺激孩子的好奇心，提高他的兴趣。

逐步增加难度

倾倒/转移/挑选三合一，引入新工具帮助孩子理解更复杂的操作，训练其感知能力，帮助其观察科学现象、提升逻辑思维能力。以下是几项活动建议：

* 从小篮子里取出铅笔仔细削尖（再将木屑收进小碗里倒入垃圾桶）。
* 拧紧和拧开三种不同大小的螺丝。
* 拧紧和拧开各种不同尺寸的瓶盖，将瓶子和瓶盖进行配对。
* 打开和关紧各种盒子和密封方式不同的容器：活塞、按扣、拉链、夹子、旋盖等。
* 在画线的纸上沿线剪出整齐的纸条，再逐步剪出各种几何图形（对角线、人字形，等等）。
* 借助吸管仔细将水滴滴入肥皂盒的通气孔内（通气孔用来观察液体是否每一滴都准确滴入）。
* 仔细观察不同物品的特色或各种树叶。

只要充分发挥想象力，这类活动是做不完的。您也会在设计游戏的过程中体会到与孩子实践时同样的快乐。

布置便于孩子活动的公共区域

孩子本能的被保护需求促使其常常在成人周围活动。因此到六七岁时，他们喜欢在家中的公共区域内玩耍，而不是窝在自己的卧室里。当然，公共区域也可能成为大人和孩子产生矛盾的地方，因为大人们不喜欢看到自己的东西被小孩弄得乱七八糟。其实只需稍微做一些调整和布置就可以改变这一切。

首先我们必须明白，孩子是在成人的世界里生活的。没有什么东西是按照他们的身材设计的，他们想要满足自己的好奇心和探索欲，却够不着那些抽屉和储物柜，于是只好把所有东西都铺在地板上慢慢玩，这在大人看来就像一个嘈杂的菜市场！

然而，根据玛利亚·蒙台梭利的观察，到六岁前（二岁到四岁之间达到峰值）孩子们都处于“秩序敏感期”，在这个阶段他们喜欢让每样东西都各归其位。我们应该抓住这些时机向孩子灌输秩序概念和必要的整理规范，正如让内特·图勒蒙德在《与孩子的日常》中所说：“孩子在生活周围感受到的秩序有利于他一生中智力秩序的培养和建构。他不仅会像我们家长希望的那样有序收拾自己的物品，更能学会在人生中有逻辑地组织自己的想法、概念、导向、选择，明确自己追求的价值，分清事情的轻重缓急。”

因此，我们要做的第一步，就是创建一个简约和谐的环境。开始做减法吧：去除那些冗繁的家具和摆件。主动收拾自己的卧室、浴室和厨房，给孩子做出好榜样。不要一看到家里杂乱就心浮气躁，要记住，孩子只是孩子！他们一方面拥有强烈的探索欲，一方面又对空间秩序缺乏概念，把屋子搞得乱七八糟是再正常不过的。宽容一点！

接着，我们应当“站在孩子的高度考虑”，将空间布置成可以满足他们好奇心的环境，这样也便于他们自己收拾物品。孩子的合作态度（以

l'heure bleue
LOUP, LOUP, Y ES-TU ?
METROPOLIS

及我们的好脾气）都依赖一个良好的环境。因此，我们建议您在家中特别开辟出几个角落，便于孩子展开活动。

“工作”角 / 蒙氏活动角

在地上坐着、站着、躺着，孩子们喜欢用各种各样的姿势活动。布置一片清晰的角落作为孩子的“工作”角，配备舒适的工具，这样有助于提高他们的兴趣和注意力。

针对坐着完成的活动，茶几和几张矮凳就可以了。必须保证孩子的双脚碰到地面。

铺一块地毯，方便孩子随时趴到地上玩耍。地毯尺寸适中（60厘米×120厘米为宜），让孩子可以舒适地展开肢体活动，身体不会超出毯面。

给孩子示范如何在地上铺开毯子，活动结束后如何卷起毯子竖直摆放。

孩子还喜欢站着活动。布置70厘米高度的五斗柜、储物柜或是收纳架，专门用作孩子的活动物品摆放。

合理的布置有利于孩子独立自理

在玛利亚·蒙台梭利看来：“只有了解自身需求的孩子才会真正意义上的自由选择。”初期，孩子凭借好奇心选择活动，但随着年龄慢慢增大，他会选择最适合自己能力发展水平、最能满足自身内部建构需求的活动，从而使自己的精神越来越集中。

经典蒙氏布置旨在促进孩子的独立自理能力发展，为孩子提供适宜

“蒙氏”活动角的布置便于孩子选择活动用品和收拾整理

高度的收纳架，一定数量的物品，类别分明的托盘（或篮子、小筐及其他容器）。不带门的宽敞收纳架便于孩子一眼看清上面的所有物品，并且轻松拿取。

很重要的一点是，要明确告诉孩子可以自由随意地取用托盘上的任何物品，只有一条规定必须遵守：用完之后一定要物归原位。每件物品、每个托盘都必须放回此前拿取时的位置。这条规定融合了秩序意识、清晰度和能见度，让孩子可以按照自主意愿进行选择和活动。

介绍各种活动

找一个孩子心平气和的时间，让他集中注意力听你讲解一遍每一个托盘的用法，了解每一项活动的内容和目的。

根据蒙氏教学法原则，每项活动介绍的步骤都是一样的：家长坐在孩子右侧（如果孩子是左撇子就坐在左侧），平静、缓慢、准确地将活动内容完整示范一遍。可以用一些对应的字词进行解释，解答孩子可能的困惑，了解如何改善工具以便于孩子自动修正错误。活动结束后，将托盘放回原位，然后告诉孩子请独立按照同样的步骤模仿一遍。

根据孩子的年龄，可增加收纳架上的活动内容：6~12个月的孩子准备3~4种活动用具即可；3岁的孩子可提供约6种活动用具；6岁孩子则可达到12种。别忘了浴室、厨房和卧室这些地方也是孩子要“施展拳脚”的舞台，因此收纳架上不宜堆放过多选择，也不要超过孩子的接受能力：否则孩子会被吓跑的！

如果孩子不再积极主动地进行收纳架上的活动内容，则可以换一批物品。定期更换玩具和学习用品（将暂时不用的东西放进孩子视线范围之外的带门的储物柜中）有很多好处：便于收纳、可通过“精简”环境满足孩子的秩序需求、让孩子始终保持对新事物的兴趣。

由于日常事务繁多，我们建议您设置一个月度提醒，保证自己定期查看托盘中的物品是否仍能满足孩子的好奇心，如果孩子已经厌倦，记得按时更换。

安静/阅读角

给孩子提供一个专属角落进行一些安静的活动，如阅读、听轻音乐或音频故事、冥想或瑜伽、放空或休息。这样在他们情绪紧张、过度兴奋或激动时，就可以很快找到避风港，从而慢慢恢复平静。

可以将这一空间打造成为一个真正意义上的小天地，采用柔软舒适的面料，选择浅色调地毯进行布置，添加一些小靠垫、坐垫甚至小墩垫或吊床。想要进一步增加私密度，还可以在天花板上吊一个蚊帐或是安装一块有透光幕布的屏风。墙上还可以悬挂几张海报或图片，可以是家庭成员照片、自然风光、名言警句或者文化标记等。

在这里你们可以度过宝贵的亲子时光，感受阅读和想象的乐趣。这处舒适的小巢非常适合探索书籍的奥秘。

孩子很喜欢阅读不同的故事，您最好办理一张图书馆借阅卡，定期为他借回各种图书。书籍可以每个月更换一次，也可以带孩子去图书馆让他自己选择。有些书是你们都已经耳熟能详的，可以让孩子自己反复阅读。如果发现孩子真的爱不释手，就要果断去为他购买。这些书会让

Dans mon petit

他的心灵回归舒适和平静，让他充满安全感。即使“长大了”，他还会不时地翻开儿时的美好记忆，因为这会让他仿佛回到了与您亲子阅读的温暖时光。他也会非常乐意与弟弟妹妹分享自己读过的书，甚至教会他们自己去发现其中的乐趣。

定期更新的小书柜

为了方便孩子随时取阅自己想读的书，我们建议您专门制作一个带轮子且与孩子身高相符的单层或双层置物架：宽40厘米、深8厘米的木盒，另有一根位于木盒一半高度位置的小栏杆防止物品掉落。大部分书籍都放在书柜中，而精心挑选的几本则取出来放在置物架上，注意是正面而不是书脊朝外。因为对于孩子来说，封面更容易吸引眼球，也便于其快速选取。同时，有了这个架子，书籍收拾起来也非常简单便捷：孩子再也不会把书堆在地板上了（平放比竖直插入简单得多），因为只需移开上面一本，就能看见下面是什么书，看完以后放回也十分方便。

自然角

如今全世界有一半以上的人口都居住在城市，我们的孩子都是在“室内环境”中长大的，走到户外全身心接触大自然的机会很少。然而，大自然是孩子们非常向往的地方，他们可以在其中得到内心的平静。《如何在城市养育野生孩子》一书的作者、美国生物学及古生物学家斯科特·辛普森（Scott D. Sampson）认为，大自然有利于促进孩子的智力和情感发育，提升他们的创造力和自信心。

无论您家是否拥有小花园或阳台，为孩子布置一处名副其实的自然角都是非常重要的。因此，要在家中专门开辟一处小角落放入几个小花盆：绿色植物、多肉植物、鲜花、仙人掌、香氛植物、球状植物等都可以种植。为什么不干脆布置一个迷你菜园呢？只需要一盆土和一点阳光，胡萝卜、红萝卜、草莓、圣女果等就可以生长了！每个季节，孩子都可以在家中的自然角悉心打理不同的植物，了解大自然的奥秘。

您可以建议孩子定期照料自己负责的花花草草，将他已会独立使用的工具全部装在一个托盘（或篮子）里。

孩子可以带上工具进行以下操作：

★ 用海绵、抹布和喷壶清洁叶片，也可借助棉花棒；

★ 用手指触摸土壤，判断植物是否缺水，如有需要则浇水（用水壶，并且准备好海绵以便擦拭漏出的水滴）；

★ 用剪刀修剪过于茂盛的叶片和花朵（同时准备一只小簸箕，将剪下的部分盛好倒入垃圾桶）；

★ 摘下几朵盛开的鲜花，组成漂亮的花束，仔细插进小花瓶里。

★

毫无疑问，创意玩具、小雕像、小汽车、化装用品等都可以给孩子带来快乐，但也别忘了日常生活中的小挑战、蒙氏托盘上的各种实验和训练物品，因为孩子非常热爱“工作”的感觉。因此，请多花一些心思为孩子布置适宜的练习环境，让他成为自己身心发育过程的主角，遵从“教育是一种人生辅助”的原则。

小贴士

观察植物

可以为孩子在植物角准备一本日志。每当重要时刻来临时（买入新植物、开花、收集种子……），让孩子拿下一部分（摘一朵花、捡一片叶子），贴在日志上，写明日期，画上或由你代为写上相应说明（“花开了”“草莓花结出了8颗小小的青草莓！”“芦荟发新芽了”，等等）。

精彩活动的准备工作

参与家务劳动的必备工具

海绵、扫帚、清洁刷加簸箕组合、迷你吸尘器、小水桶、小抹布、小块马赛皂、玻璃刷、洗碗布，等等。

工作角

- 适合孩子高度的办公桌椅
- 地毯（便于孩子坐在地上工作）
- 适合孩子高度的斗柜或置物架（便于孩子站立工作）
- 无门矮柜或格架
- 托盘、小筐、小篮子

休息角

- 用置物架制成的小书柜
- 一张舒适的凳子或扶手椅，加上靠垫
- 全家照、画面温暖的海报
- 书籍、音频故事、舒缓音乐CD

自然角

- 浇水壶、圆头剪刀
- 喷水壶
- 抹布、棉棒、海绵

- 花瓶或类似花瓶的容器、浇花喷雾器
- 园艺用手套
- 小杯子（用于收拾凋谢的花和干枯的叶片）
- 园艺日志
- 盆栽或直接种植于土中的植物

日常生活用品及二手市场购买的物件

- “生活体验”篮筐，用于围绕特定主题收纳一些物品（如不同开关方式的盒子、各类刷子、颜色相同的物品、不同质地的布片、贝类、螺钉类，等等）。
- “季节”篮筐，用于收纳某个时段大自然最具代表性的事物（各种颜色的树叶、鹅卵石、栗子、榛子，等等）。
- 二手市场购买的物件，如简易相机、油画板、缝纫用品、放大镜，等等。

蒙台梭利教具托盘

- 练习倾倒：种子（豌豆、小扁豆、米粒）或水，将其从小酒壶、长颈瓶或各种形状的瓶子内倒入碗或玻璃杯中，也可借助辅助工具（滴管、勺子、漏斗、注射器，等等）。
- 练习转移：将榛子或种子用各种夹子或勺子在不同容器间转移。
- 练习挑选及分类：水果、蔬菜、不同色彩的薄片、纽扣及其他可按照各种类别或逻辑顺序（从小到大、从软到硬、可流动或可漂浮的、尖利的或柔软的，等等）分类的物品。

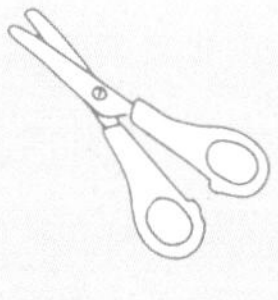

什么年龄做什么事

2岁前	· 拿取大人要求的物品 · 扔垃圾 · 按类别收拾物品（整理玩具、将衣物放到洗衣篮或洗衣机中、分辨榛子和栗子或柠檬和橘子等） · 徒手转移榛子或大粒种子，再用大勺将其从一个沙拉盘转移到另一个 · 练习用扫把和清洁刷
2岁	· 搬动大件物品（搬椅子坐、搬洗衣篮、铺垫子坐在地上、将衣物放入/取出洗衣机……） · 用（大）滴管转移水，用勺子或夹子转移种子 · 从小壶中将大粒种子倒入碗中，再换成更小粒的种子（豌豆、鹰嘴豆、小扁豆、米粒、粗面） · 用漏网捞东西 · 开关各种容器 · 清洁整张桌子 · 分类（按颜色、尺寸、质地） · 拧螺丝钉
3岁	· 开关挂锁、门锁、弹簧锁 · 用正确的方法掸灰尘 · 将水从长颈瓶倒入碗中，再倒入玻璃杯中 · 清洗并晾晒衣服，按白色和有色分类，将袜子配对 · 用夹子转移物品，夹子及物品的尺寸可以逐渐变小（用小夹子分拣珊瑚红扁豆及绿扁豆） · 照料植物、花园、宠物，清扫落叶 · 帮忙前往超市购物（寻找所需物品、放入及拿出购物车、推购物车、将买回家的物品收拾整齐） · 收拾卧室（整理杂物及床铺）

4岁

- 洗餐具、将餐具擦干，洗衣服
- 清洁（桌面、地面、玻璃、镜子……）
- 插花
- 将水从茶壶倒入有托盘的茶杯中
- 准确倾倒（借助漏斗，或直接倒入小玻璃杯、小容器及极小的范围内）
- 使用吸尘器
- 折叠各种类型的衣物
- 给皮鞋或木质物品上蜡，抛光铜质物品

5岁

- 练习缝纫
- 清空洗碗机
- 用拖把拖地

舒缓的晚间

睡眠对于孩子的生理健康和心理健康都至关重要，对于您的健康也同样重要！有人认为，一位妈妈刚生完孩子后会丧失大约600小时的睡眠时间（有些爸爸可能也会哟！）那么，妈妈们每晚只能睡短短的5小时，还是断断续续的，这让她们更加疲惫。对于一些父母来说，这种情况除了头几个月以外还会继续一段时间。不良影响就此产生：睡眠不足让人疲惫，而疲惫大大损耗了我们的耐心、理解力以及适应力，最终变得极其易怒。我们会因一点点不愉快就变身成绿巨人浩克在家里大喊大叫，真不可思议！这便是事实：睡眠不足常常阻止我们成为理想中的亲切家长。

对孩子的影响就更糟了：您准备去睡觉了，而此时是孩子们一天中最担惊受怕的时刻。当他们终于进入梦乡，噩梦和夜里其他恐怖的东西会用最可怕的方式让他们从梦中醒来（您可能也会经历这种场景）。孩子（从幼儿园或者小学回来以后）的生活影响着他的睡眠质量，而良好的睡眠质量有助于后天学习、记忆以及注意力集中，有利于形成活泼开朗的性格，让孩子变得快乐且富有创造力。

全家聚在一起交流

大多数情况下，一周七天，孩子会由保姆（或祖辈）带着在家、在幼儿园或者学校里度过，他并不在您身边。孩子不在父母身边的时候，他会看到五花八门的事物，会去发现、成长、学习；他有时会欢呼雀跃，受到他人情绪的感染；他会去玩耍、交流、找朋友等。在这一天当中，他也可能积攒了些许沮丧和愤怒的情绪，粗暴的言语和在小角落里的罚站让他备感耻辱，心理上会有些压力。他会不会因为太想爸爸妈妈而痛苦？他可能感到烦闷，还是午睡不足缺乏精力？或者有人给他吃了不好消化的食物？要不就是他大约在晚上六点半时处于低血糖的状态？即使您为他选择了比较好的环境和最友善的人，这些难题也是所有人，包括您的孩子，在生活中必然会遇到的。

这个还在成长中的小家伙还未找到管理情绪的密钥，也没有弄清自己的需求是什么。因此，常常会有这样的情形：仅仅是因为见到了您，他心中的闸门便打开了，所有您不在身边时积聚已久的情绪倾泻而出。他喊叫、哭泣，他不跟您打招呼或不听您的话，这都说明了他对您深深的依恋和完全的信任。您感到了一种相逢的喜悦，但迎面泼来一盆冷水让人难以招架（尤其是有其他亲戚在场或者在大街上时）。尽管这一过程有时一波三折，但将其视作依恋的表现会帮助您更好地与孩子交流。

您是唯一一个能够接受孩子情感宣泄的人！那么，得扮演好您的角色：真心实意地接纳孩子的情感；如果他还不能开口说话，那就对他轻声讲述他能感受到的一切；为了让孩子能跟得上，要放慢语速；哄哄他（如果他接受的话）。这是让这场情感风暴迅速停歇的最好方式！

等他冷静一些，再同他谈。您可以问问他的日常生活，试着弄清楚发生过的事，确认没有出现与以往相同的问题。即使他不回应，您也可以用简单的话描述如下情景：“白天，我一直在工作，工作很重要（并且我热爱工作）。但即便我们没有在一起，我也会时常想念你，我一直都爱着你。而你，你也在幼儿园完成了很多件事：玩耍、学习……这也同样重要。每当夜幕降临，我总会去接你一起回家。”

做出交流的动作

无论您跟孩子的交流状态是热情洋溢还是一本正经，发明一个“沟通”准则，今后每天晚上都要遵循这个准则。

* 如果还是宝宝，那就把他抱在胸前，而不是放在童车里：他需要跟您有身体上的接触。

* 给他一个毛绒玩具或者奶嘴，如果有您的陪伴，他会更快地分泌催产素，这种爱的激素会安抚他，使他平静。

* 如果他年龄更大一些，给他一块滴过几滴薰衣草精油或者果香菊精油的小石子（看起来像珍宝）。孩子闻到它的芳香会平静下来（用柔软的方巾或者披巾也会体验到这种效果）。

* 当您去接他的时候，他已经饿得“前胸贴后背”了，给他带一小份干净的备用食物（薄脆饼干、香脆面包棍，蜜饯也行）。

* 看护孩子的场所通常都很闷热，可以给他带一小瓶水或一小瓶奶。畅饮是应对悲伤和气恼情绪的有效方式，特别是当瓶口很小的时候（如细颈瓶、吸管或奶瓶），效果更好。

* 您也可以让他跳起来跟您顶顶头，或者用其他温和一点或稍稍猛烈的身体接触方式。

* 还有另一个标志性的方法，效果也不错，尤其是在上学的路上：早上出门时，您可以在他的手腕上和您自己的手腕上画一颗爱心，并向他解释："在一天中，当我遇到烦恼或开心的事，当我稍微感到悲伤或迷惘，我就会看看我的手腕，它会让我想到你，你也是一样，你会在这一天美美地想念我。"

"你给我讲讲今天都做了些什么吧？"

孩子去学校之后，开始能够更好地控制自己的情绪，您总是忍不住问："你今天做了什么？"然而孩子经常会这样守口如瓶："我不知道……""我不记得了"或者更糟的一种："啥也没做！"

可别生气。孩子有时候会主动诉说，有时候却不会。如果您察觉到他心情不好，那就算了吧，不要逼问他，不然晚上可能会闹得鸡飞狗跳！

当您在学校门口接孩子或者晚上在家里时，不要一上来就带着审判的语气没完没了地问："你今天做了什么？"而是问他："你知道我今天做了什么吗？"孩子肯定会惊讶得说不出话来。然后您再问一遍："你想听我说说我今天都做了什么吗？"

想！！！您的孩子会十分渴望了解您一整天都做了什么、有哪些活动、遇见了谁以及对他们的表现是否满意。因此这样的方式能够完美展现出您不仅是一位家长，还是一个有血有肉的人，也有自己的情绪、愿望以及不足之处。给孩子全面总结一下自己的一天，但尤其注意要坦诚，也不妨带点幽默（这里指的是，要告诉孩子真实的细节，不要大而化之，把一天描述得平淡无奇，不然别人无法体会到您的心情愉悦与否）。

“你呢，你愿意跟我说说你的一天吗？”头几次孩子会拒绝把话题转移到他这里，但我敢保证多尝试几次之后，他会爱上这种交流方式，享受这种平等的、分享秘密的温柔时刻。

小贴士

晚间习惯

晚间习惯显得尤为重要，它决定了孩子能否享受安宁的夜晚与拥有高质量的睡眠。以下是一系列有条不紊的巧妙处理方式，只有这样做才能够营造出安宁祥和的氛围，才能让孩子静静地入睡，慢慢地感受到睡眠精灵的召唤。

根据您孩子和家人的身体状况调整好晚间习惯，就像调整早上的习惯那样（见第49页）。注意，这既不是指满足简单的需求，也不是分阶段活动（玩游戏、洗澡、吃晚餐等）。晚间活动应该温和一些。

那么为了让晚间的每一个行动都给孩子带来有助睡眠的安详状态，您可以看看接下来几页里提出的建议。

再花点时间弄清楚大人们的需求和你们各自的具体看法，然后向您的家人（如有必要，带上保姆或爷爷奶奶）郑重介绍您希望实行的新方法，并且持之以恒。您得带着热情推行这些新的方法，并时常掂量下这些习惯带来了哪些好的变化，良好的效果很快就会显现！

让孩子听您简短地描述您的一天，不仅能让他学会表达自己的情绪，还可以增强他的倾诉欲！况且他也很好奇您一天当中都做了些什么，这不也可以满足他的好奇心吗?

安静氛围与平缓活动

为了让孩子在入睡前保持平静，您需要在他放学直到最终入眠的这段时间里，安排一些循序渐进、趋于平静的睡前活动。不过有一个前提条件：确认孩子已经在室外待了足够长的时间，已经耗费了大量精力去活动、玩闹！您可以问他关于这一天的日常，或仅仅观察他的状态，这往往很能说明问题。您要是发现他还没玩够，那就这样拉开夜生活的帷幕：赛跑、骑自行车、在床上打打闹闹、在公园里遛弯、单脚旋转一周、玩“枕头大战”。在让他安静下来之前，务必确定他已经消耗掉了足够多的精力。

舒适而亲切的活动

首先，您的态度会让夜生活“丰富多彩”。轻声细语的诉说、热情的交流、和蔼的微笑以及充满柔情的举动都会使孩子分泌催产素，这种爱的激素会缓解压力，让人心安。

一天结束了，在孩子受到多种刺激（特别是听觉上的刺激）以后，让他享受下宁静，播放一些舒缓的音乐（古典乐、爵士乐）。

也可以考虑在房间的不同地方摆上几盏小灯，让光线柔和些，最好不要只开一盏吊灯，一下子照亮整个房间。

最后，优先考虑以下几种平和的活动：给曼陀罗花上色、揉面团、好好洗个澡、听音频设备播放的故事，所有这些都能让他们充分放松（最好不要让他们看电视或者玩电子游戏，这会让他们兴奋起来，给大脑发出推迟困意的信息）。一天结束了，这也是让孩子给自己的一天画上完美的句点。

瑜伽、冥想、放松：宝贵的辅助方法

您跟孩子一起做过瑜伽和冥想吗？这两项运动实际上做起来很容易，而且是您给孩子的宝贵馈赠，因为在他们的一生中，这些方法对于处理感情、集中注意力、释放压力以及友善待人待己都大有裨益。此外，他们入学以后，这些运动能够帮助他们应对压力与过度活动产生的疲劳、减少暴力行为、学会自重与尊重他人。

借助这些看上去生动形象（如睡觉的猫、挺起身子的蛇、昂首阔步的火烈鸟等）的呼吸和冥想动作，或者一些放松类活动课程，孩子能够真正感受到舒缓、自信，并重新调整身体状态。

针对低龄儿童：深呼吸

2到3岁的孩童还不能很好地控制自己的身体，我们更倾向于让他们做深呼吸。您先让孩子平躺下来，把一个毛绒玩具放在他的肚子上：孩子深呼吸时，毛绒玩具就会缓缓地一起一伏。

另一个方法对于低龄儿童效果也很好：让孩子平躺着，闭上双眼，然后给他讲故事，并且让他（自由地）深呼吸，参与到这个故事中去。您要平静沉稳地叙述，告诉他故事里关于颜色、感觉、气味的细节：这

让我们继续吧，瑜伽和冥想有助于舒缓身心压力

能够帮助他在想象的世界里遨游。

→我们在山间小径漫步。现在天气晴朗，空气可真好。你能感受到阳光缓缓地温暖着你的皮肤吗？光脚走在草地上，草儿轻抚着你的小脚。哦！我看到了一片空地。要走过去吗？听说那里有一片姹紫嫣红的花海。你走近一朵花，轻闻着它的芬芳。啊（伴随着呼气），多么美妙！

看看这朵，它黄色的花瓣多么漂亮！闻闻它，享受它的芳香……

您要是缺乏想象力，可以通过改编寓言故事寻找灵感，比如《金发姑娘和三只熊》。在这个故事里，主人公独自在森林边缘惬意地散步，结果迷失在了丛林中。您当然得改编一下这个恼人的冒险之旅！改编后，孩子就能走进熊的屋子，发现里面有几碗汤：闻起来可真香，然后决定尝一尝，可是太烫了！

→你知道该怎么让它冷下来：深吸气，耸起肩膀，鼓起肚子，吹气……这样慢慢地，就能让滚烫的液体冷下来！然后多试几次……好了，汤是温热的，你可以喝了。张开小口，深吸一口气：多么美味！再来一次……

您可能觉得平时的深呼吸没什么大不了的，但有意识地做一次深呼吸，其益处不可小觑：您可以使用这些技巧，在孩子处于糟糕的状态时让他通过放松与自我调节平静下来，这样做甚至能够趁“火山爆发”之前消灭那些不良情绪。

3岁以后：瑜伽或冥想

孩子到了3岁之后，瑜伽就成为放松身心的理想方式。现有大量书

良好晚间习惯的养成有助于孩子保持心情舒缓，慢慢进入睡眠状态

籍都以此为主题，您也可以在网络上找到丰富的相关资源。您要是知道孩子喜欢哪些动作，比如模仿动物、大山等，想要提前准备一系列的动作练习，这些资源就足够了。

即使为孩子准备的运动计划已经安排妥当，您还是可以建议他做一些冥想练习，把注意力集中在身体感受上面。

“身体扫描仪”是最放松的练习之一。比如，想象太阳逐渐温暖你的身体，或者想象身体被涂成蓝色（“先是脚趾，一个一个变蓝，接着是脚踝……”）。

按部就班的冥想练习是另一种有趣的选择。用温柔的声音（如有必要，可伴随着音乐）讲述一个简短的故事（5至10分钟），要有画面感（比如发现一处风景，模仿动物，或者描述精神意象等）。艾琳·斯奈儿（Eline Snel）是这方面的专家，她是畅销书《像青蛙坐定——给孩童的正念练习》的作者。在荷兰，也就是艾琳·斯奈儿的出生地，国家甚至免费培养幼师！“这是一种学习控制孩子脑海中的声音与心声的方法，”她解释道，“他们要会倾听，不一定要做出回应，这是一门了不起的关于控制冲动情绪的学问。”

开始阶段孩子可能无法马上接受。不要太在意，否则很容易适得其反。只需坚持让其尝试体验，孩子很可能最后会乐在其中。要充分鼓励孩子，您可以和他并排坐着，陪伴他展开放松活动。这么做绝对是有益无害的！

放松身心的洗漱时刻

平时一到晚上，洗澡或洗脸是必不可少的，我们可以把它当成放松身心的时刻，一种从白天的紧张状态到睡前舒缓状态的过渡。

教会孩子清洁身体

为了让孩子学会清洁身体，要给他清楚地示范该怎么做，并且引导他、帮助他（“我先给你演示一遍，然后你自己做，我在一旁看着”）。几周以后，他会为自己独立完成越来越复杂的任务而感到自豪，并且从此记住了所有这些必不可少的清洗方式和您的演示方式。

洗手

在蒙台梭利学校，有一整个房间是用来给孩子洗手的。孩子拥有一个盆子、一个水壶、一块肥皂、一个指甲刷和一块小毛巾，这些都放在

小贴士

为平静的晚间制造氛围

我们已经在晨间习惯（参见第49页）中提到过不少鼓励孩子独立自主的必要举措。孩子晚上要独立做的事情主要是洗澡或洗脸、洗衣服、叠衣服或将衣物放置在干净的洗衣篮内，以及穿衣服。要为孩子布置与其年龄和能力相匹配的浴室和卧室环境来完成这些动作。家中的公共空间也应有安静角（见140页）。在这一章里，就只剩下睡眠问题了（参见174页）。

一张大小适中的桌子上。大人给他一步步地演示如何把水倒进盆子里，把手浸湿，用肥皂搓手，用泡沫逐一清洗手指、手掌和手背，用毛刷刷指甲，冲洗刷子，最后把手泡在水中冲掉泡沫，再用毛巾小心地把手擦干，把水倒掉，再把物品归还原位。

您感到无聊？然而孩子们需要这些具体的演示来学习我们这些成年人习以为常的动作。有条理地、细心地展示这些动作，还要注重清洁用品的质量，这样效果更好。尤其是在孩子低龄的时候，假如有这种机会，他会毫不犹豫地模仿动作。

清洗身体

您可以参照洗手的过程来解释洗澡的步骤：从上到下，从左到右，不要放过任何一个角落！还要涂上洗发水：先涂在头顶，然后是后脑勺，再是鬓角……

清楚地解释如何清洗私密部位（甚至仔细说明如何在每次上完厕所

后认真擦拭私密部位）。为了让孩子把他（她）的生殖器官也纳入到清洁身体的流程中，并让他（她）明白男孩女孩之间的差别，尽量用简单的话来表达，用“成年人的语言”（生殖器官、外阴、阴茎、肛门……）。这难道不是帮助孩子自然而然地了解性器官的最好方式吗？简单明了，既不会尴尬，也不会引起厌恶。

清理鼻子

首先，要给孩子演示如何正确地擤鼻涕，一个鼻孔接一个鼻孔，这样才能把鼻腔清理干净：“打开手帕，盖在鼻孔上，堵住一个鼻孔用力擤，然后再堵住另一个鼻孔用力擤，完了以后把手帕叠起来擦一擦鼻子”。

如果发现孩子想要用手指抠鼻孔，那就花点时间向他解释鼻腔壁是非常脆弱的：手指，特别是指甲很容易把鼻腔弄出血。另外，鼻毛会阻止一些不干净的东西（细菌、微生物、灰尘、花粉等）进入鼻子，而抠鼻孔只会把这些东西带进鼻腔。所以要避免用手接触一些不太干净的东西：备一块手帕再好不过了，要不然就得经常洗手！

清洗鼻腔可以抵御冬天的传染病！这一点常常被忽视。而在某些文化里，这是常有的动作。总之，这两个小鼻孔太重要了，我们得用鼻孔呼吸！大多数婴儿和孩童都对这项特别的清洗方式有抵触情绪。要不断向他们温柔地重复怎样做才是正确的，并鼓励他们接受这些清理动作，或者在他们做的时候鼓励他们。也可以使用某些辅助物品，比如喷雾器，让动作更自然（“慢慢把喷口插进鼻孔，按一下喷雾器。喷进去了吗？轻轻吸气，需要的话，用手帕擦一下鼻子。然后再试试另一个鼻孔”）。

小贴士

讲卫生

六岁以下的儿童回家以后很少有主动擤鼻涕、剪指甲和洗手的习惯！为什么不向他们解释这些行动也很重要，从而避免争吵和不厌其烦的提醒呢？

- 举个例子，您可以跟他们谈谈细菌。细菌太小了，用肉眼看不见，却无处不在，并且它们的影响很大！有的细菌可以用来对抗疾病和过敏，把牛奶制成酸奶，或者将面团发胀成比萨！有些细菌对人体有害，甚至会造成生命危险：它们引起发热症状或者传染病，例如流感、感冒和胃肠炎。但如果我们经常洗手和剪指甲，就会减少这一类疾病！

- 身体太重要了！我们得爱惜身体、呵护身体健康，这样才能正常地跑步、玩耍和跳跃。常常注意卫生、重视健康，就是尊重身体、尊重自己！对待牙齿也一样：牙疼的时候，还怎么笑、怎么吃东西和说话呢？吃完苹果和馅饼后要刷三分钟的牙！

- 夸夸孩子："嗯，你做得不错！""头发梳得真好！""干干净净真美丽"，诸如此类。在与别人打交道时，务必给他们展示自己的良好形象。很多儿童类的书籍都以此为主题，赶快去翻翻吧。

让沐浴变成最放松的时刻

水在孩子的人生初期扮演着重要角色，这是因为婴儿曾有几个月的时间在羊水中发育。从生理运动上说，孩子在水中处于失重状态，活动起来更加容易，动作既轻松又协调，因此水是快乐体验之源。从心理上说，水能够安抚人，让人感到舒适，帮助人找到自信以及意识到身体的存在。这是感官上的愉悦！滴滴答答的水声悦耳，把耳朵浸在水里便掩盖了其他声响。轻拍水面，看着水花四溅、水中的倒影和朵朵浪花，或者将水捧在手上，感受水的抚摸，再让它缓缓流走……这都是一种享受。

然而在日常生活中，沐浴并没有这么简单！有的时候孩子喜欢玩水，他们泡在浴缸里欢快地拍打水花，恨不得把浴室变成海底乐园！但有些孩子，一只脚指头沾到水都让他们害怕或生气，然后鬼哭狼嚎，更别说洗头了！把沐浴当成孩子一项非得完成的任务，每次都费劲地强迫他们去完成，这是我们常犯的错误。恰恰相反，我们应当把沐浴变成孩子的习惯，让他们真正地懂得关爱自己的身心健康。

要改变孩子对沐浴的抵触情绪，以下有几点简单的建议。

留出充足时间来洗澡！

可以充分利用玩耍、放松和按摩的时间。两天洗一次澡就够了，没洗澡的那一天可以认真洗脸。这样一来，生活节奏放慢了，您跟孩子一起度过的时间就更加充实，您还可以腾出时间做做瑜伽。

淋浴也很舒服：淋浴时的感觉不一样，孩子对空间的体验也不同，而且淋浴的速度会更快！

让孩子自己选择沐浴用品

让孩子自己选择适合自己的沐浴用品，比如，舒适的润肤露或者香香的气泡浴液。自制一罐浴盐，让他洗澡的时候撒上两勺，然后尽情享受沐浴时刻吧。

您也可以建议他在浴盆里放两勺小麦淀粉或燕麦（药店或有机产品商店有售）：这些东西会把普通的沐浴变成“牛奶浴”，能让皮肤变得更柔软（甚至可以缓解湿疹和皮肤过敏）。

小贴士

自制香氛浴盐

制作香氛浴盐的方法非常简单，可以和孩子一起实践（只有在添加精油时必须由父母动手），而且有机产品益处多多。首先，挑选盖浪德（Guérande）粗盐或埃普瑟姆（Epsom）盐为主料：二者都可以吸收有害物质，其含有的矿物质能够缓解疲劳，尤其是肌肉疲劳，含有的镁也可以改善精神状态和缓解皮肤过敏。

做示范

孩子喜欢模仿别人的动作，那您就好好利用自己的沐浴时刻。您可以在孩子面前说：“洗个澡真舒服”“我要洗个热水澡舒服舒服”“我喜欢闻涂了沐浴乳后皮肤的味道”，等等。您还没试过在洗澡的时候把灯光变柔和，放舒缓的音乐或播放喜爱的广播节目吧？可以建议孩子试试这些。在柔和的灯光下，给孩子讲故事或者听音乐：沐浴的氛围便截然不同了。

按摩

摔跤、瘀青、肌肉无力……孩子们都不知道爱惜自己的身体！既然如此，为什么不在沐浴的时候按摩一下让他的身体放松放松呢？在孩子身上涂点（金盏花、榛子或山金车制成的）植物油，给四肢按摩，根据他的需要进行："想让我给你按按腿吗？手臂和后背呢？"您也可以再加一两滴精油，使放松与舒缓的功效增倍。（注意：精油不适合5岁以下儿童，使用时请在沐浴露或润肤乳中稀释）

周日晚上沐浴

在紧张的一周中，晚上的时间安排通常都很紧凑，或许可以另外添加一项特别的安排：让孩子在周日晚上从下午五点半开始洗个大澡！忙碌的一周过后，舒舒服服洗个澡，然后美美地迎接下一周的到来。洗头、洗指甲、洗耳朵和耳后根、洗脖子、洗肚脐、洗脚趾、洗私密部位，洗大澡的时刻到了！这样一来，孩子会在自己浴后的香气中安然入眠！

沐浴时如何克服恐惧

有些孩子沐浴时会害怕，无法享受沐浴的乐趣。如果您的孩子也是这样，可以看看以下针对该问题的三个窍门。

* 对于婴幼儿来说，又高又滑的盆壁和太大的浴盆会让他们感到害怕。为了让孩子安心，可以把他安置在洗衣篮里，然后把洗衣篮浸在水中！这样一来，周围的空间看起来小一些，而且还能够得着玩具。

周日晚上洗个大澡！

★ 给更大一点的孩子戴上泳镜！很多孩子都害怕水弄到眼睛里，那么这便是消除恐惧的好方法。您也可以拿出透气管甚至泳衣。这几样辅助用品足以缓和沐浴时的紧张情绪，还能让孩子发现水（在大多数时候）是一种美好的假日回忆。

★“我跟你一起洗好吗？谁来扮演理发师？”这样出乎意料、有趣而夸张的提议会让孩子兴高采烈。利用在水里的时间，让他对您做那些会让他感到激动的事：洗头、喷水、把水溅到眼睛里。然后反过来对他做这些。这样一来，沐浴的氛围就变得十分放松与融洽。

如果孩子坚决不肯，那就耐心点。这种恐惧很夸张，毫无来由，但也很真实。您越是表示理解，越能鼓励他克服这种恐惧，恐惧就消失得越快。

小贴士

如何做到干净整洁

“我的孩子应该干干净净地去上学，别人建议我这个暑假训练他用尿壶上厕所来做好开学的准备。”又是一个可笑的想法，简直荒谬！照这么说，上洗手间或使用尿壶之前，孩子如果还在使用尿布，就是脏小孩吗？当然不是！您会把他洗得干干净净，况且，他的大脑还无法控制括约肌。那为什么要这么说呢？这样说既不恰当还羞辱人！另外，有人说上了学之后，三个月以内都不能再使用尿布，然后建议您训练孩子学会冲马桶，这真的可行吗？这是最愚蠢的一种训练，它会在重要的入学与上厕所之间建立一种奇怪的联系！

讲卫生不分年龄。应当让孩子自己决定上厕所的方式，还要让他有学习如厕的欲望！然而，比起学习讲卫生，我们常常会更看重学习阅读或厨艺。既然孩子很小的时候（从第六或第八个月起）就能自己穿衣服（把手臂伸进袖子里），您在给他换尿布的时候也可以向他解释您在做什么。在孩子生理条件允许的情况下，可以让他站着穿纸尿裤（“抬起一条腿，对准洞洞，再抬起另一条腿……”），然后再继续这样表达出不同的动作。要是孩子要求自己来，就让他自己站在地上尝试穿上或脱下纸尿裤，然后把它丢进垃圾桶！在这一过程中他所做的一切（去找一片纸尿裤或吸水巾、把面巾打湿）都会鼓励他自己动手完成这一阶段的任务。

最后，不要忘了孩子喜欢模仿别人的动作。他要是看见哥哥姐姐在使用洗手间或尿壶，毫无疑问，他很快也想要试一试。

这种学习因人而异，可能持续几天，也可能几个月。但别丧气，最后都会愉快地结束！

晚餐时间

我们往往会把晚餐当成晚间生活中最重要的时刻。应该说，这是一家人聚在一起，互相交流一天中见闻的时刻。您要是变了种花样做晚餐，孩子很可能会迫不及待地跑过来，帮您做饭。或者他会做完自己的事情后全然放松地坐在那里。这样的氛围很美妙，大家可以愉快地共进晚餐。那怎样让这种氛围更持久呢？

安静用餐

不管你们是否一起吃晚餐，都要在用餐时保持安静和放松，并且孩子最好在睡前一个半小时进餐！身体消化食物的时候会产生能量，使体温升高，因此不会释放“困意”。您觉得您的小可爱几点上床睡觉比较合适，就根据这个时间来计算晚餐时间：八点半睡觉的话，就在七点前吃完晚餐！

应该跟孩子一起吃晚饭吗？

这得看情况！尽管人们经常这样建议，但是否选择一起就餐的唯一标准应当是，一起吃是否愉快。跟孩子一起吃饭的话，您就得放下手头的活儿，把一切都准备好。一旦开始吃饭，您得多次起身，再加上您在晚上七点根本不饿（所以，您会在九点迅速吞下一盒巧克力），或者因为您一直关注着孩子怎么吃饭而无法好好享受自己碗里的食物。这样一来，跟孩子共进晚餐可不是什么好主意！

我也知道有的家庭时间安排得不错，能够准时吃饭，家长也习惯跟孩子一起在六点吃饭，晚餐结束后再看会儿书或者看部电影，十分和谐与惬意。

实际上，唯一重要的是，和孩子一起上桌。假如您不跟孩子在同一时间吃晚餐，那就坐在他旁边，做一些不需要全神贯注的小事：比如您可以为自己的晚餐或明天的用餐切点菜，或者准备下周的饮食清单……这时，不要紧紧盯着孩子的一举一动，也不要盘问他一天都做了什么！

您可以在一些特殊的时刻同孩子一起就餐——在假期或者周末，又或者根据自己家的情况来安排（例如，在周日晚上准备一份特别的晚餐来给这一周画上完美的句号，并且开启元气满满的下一周）。

药汤的益处

如果孩子经常入睡困难，为什么不试试植物制成的天然药剂呢？您可以给晚间生活增加一项新的安排：冬天，可以喝椴树药汤、马鞭草浸剂、西番莲药汤或蜜蜂花药汤；夏天，在水里加一勺菊花水或洋甘菊水！这些原料的舒缓疗效自古闻名，在短期内能够让孩子养成健康的习惯。

利于睡眠的晚餐搭配

有些饮食习惯会导致失眠和惊醒，您可能忽视了；而另一些饮食习惯反而有利于提高睡眠质量。为了让孩子最大限度地利用夜晚的睡眠时间来休息，食谱的重要性不容小觑。

大脑一整天都在释放一种叫作“神经递质”的化学物质，它影响着我们的身体机能和情绪。我们吃下的食物中含有的营养元素影响着神经递质的产生。例如早餐摄入的咖啡因会提高我们身体中含有的皮质醇比例（压力荷尔蒙），但也会加速多巴胺（快乐荷尔蒙）的产生，后者使我们醒来时更加活跃，日光也会刺激它的分泌。

而没有光线的时候，人体会自然分泌出褪黑素——著名的睡眠荷尔蒙，由羟色胺合成，这是另一种由色氨酸刺激产生的荷尔蒙。色氨酸是一种基本的氨基酸，常见于牲畜肉、家禽肉与鱼肉中，也存在于蔬菜蛋白质，比如豆类食物（小扁豆、鹰嘴豆等）、种子类食物（向日葵等）以及含油水果（杏仁、榛子、核桃）。

想要保证这些荷尔蒙正常分泌，促进入睡并提高整晚的睡眠质量，应该要优先考虑某些食物。

★ 多吃富含色氨酸的食物，要避免摄入太多动物蛋白质（见下文）。把小扁豆或鹰嘴豆煮熟了吃，或者跟切成丁的蔬菜拌成沙拉，撒上种子类食物（芝麻）。饭后吃点香蕉、芒果、菠萝或椰枣，这些都富含色氨酸。

★ 有些动物蛋白质也可以考虑，比如富含脂肪的鱼（鲭鱼、沙丁鱼、鳕鱼、庸鲽），它们含有大量的欧米伽3，有助于羟色胺的产生，并限制皮质醇的比例。

★ 血糖生成指数低的碳水化合物，也就是“好”轻糖，也有助于羟色胺分泌。可以偶尔吃吃土豆，但最好是吃全麦食品，也可以少量摄入一些昆诺阿苋、布格麦、小米、荞麦或粗面粉。

★ 注意，保证水果和蔬菜占一定比重（至少占50%）。蔬菜和水果中含有大量纤维，无论生吃还是煮熟，在长时间内都不会饿。这是晚间生活的优选。

要避免的食物

★ 避免牲畜肉、家禽肉，因为孩子可能已经在午餐时吃过了。

★ 像甜瓜或者卷心菜一类的蔬果会导致腹部胀气，而熟油（油炸食品、面包粉、调味汁）则难以消化。

★ 避免血糖生成指数高的食物，比如大米或白面包、甜点、果汁或水果罐头，还有糖果等。这些就如同兴奋剂，血糖达到峰值后难以调整，会导致夜晚苏醒。

更多有益孩子健康的食物信息，详见第225页。

上床时间

“上床啦！”为了不让这句话成为空话，为了让孩子乖乖上床，在被窝里安然入眠，请参考以下两条建议。

鼓励孩子独立睡觉的床铺布置

一般而言，孩子在3岁前都要睡小木床，上学以后就要在一间卧室里睡大一点的床。

这就出现了两个问题。小宝宝的床要是像一座监狱，他还想要上床睡觉吗？宝宝的床边，木头围栏都是一般高，好像有个声音在对他说：“我把你放在这儿，没有我的允许不许出来！”另外，在我们成年人的印象中，孩子总要在3岁的时候跨过一道象征性的关卡，这不奇怪吗？

朝夕之间，突然就不再是“宝宝”了，而把他们当成“大人”（？）来对待了。选一张放置在地板上的床，这样就不必担心不安稳了，也避免了不必要的支出。您看到床垫或床绷放在地上也许会不高兴，但这样的布置能让小孩子学会独立，并尊重他自己的休息与睡眠需求。

“倾听你自己，听听你的身体和身体的需求”：地板床能够让孩子想休息的时候就休息。“休息好了以后再起床”：孩子也能够完全体验到独立。

您在担心孩子在自主以后就开始调皮捣蛋吗？如果从孩子几个月大的时候就布置这样的床铺，那他还不会想到要离开自己的床。如果是等他大了一点以后布置的，睡过小木床以后，要提醒他睡眠是人的基本需求，对他说说这种床铺的变化，这是出于您对他的信任。多试几次，孩子可能不仅睡得更安稳，醒来的时候也更快乐：他们很早就会开始一天的日常生活，或者来对您说声“早上好”，而不会在您来之前又哭又叫！

把床做得足够宽（90厘米），这样更实际一些。假如您有跟孩子一起睡觉的经历，那就会知道孩子睡觉的时候手臂分得很开。不要给他布置相对其身高来说太长的床，最好每两年换一次床垫。

布置一张带有木槽的床，边栏加高一点，这样孩子会有安全感。您看着他睡觉时会发现他的头和背靠在床边上。针对这一点，您可以找几个结实的边缘磨成斜面的海绵方块，放在床垫旁边，用柔软的布盖好；或者用小针脚在床垫的每个边上缝个长条边。舒适的蚊帐形外罩与小床自然融为一体。

别忘了摆一盏孩子能够轻易开关的床头灯，灯泡光线要柔和，不要太刺眼。在他需要时可以开灯，这样能够减少孩子的恐惧。

睡前故事

有的家长的的确确很喜欢给孩子讲睡前故事，有的家长却不乐意，但没有哪个孩子是不乐意听睡前故事的！家长要是能欣然答应孩子的讲故事请求，那么日后将大有裨益。研究表明，睡前故事能够（必然地）培养孩子对书籍的热爱，从而有助于日后的阅读学习。

这一存在已久的睡前活动带来的益处还不限于此。人们都会在夜幕降临后聚在一起分享各自的信仰，讲述传奇故事或者惊悚奇闻，再现他们的丰功伟绩。

正如我们的祖先一样，睡前讲故事的习惯会增强归属感与亲密关系（就像其他所有的活动和习惯）。天黑以后，孩子经常会感到不安和害怕，而睡前故事会给他安全感。

另外，睡前故事的时间也是一种过渡，结束了忙碌与充实的一天之后，把剩下的时间交给想象的世界与梦境。

听故事（而不是观看故事改编成的动画）有助于激发想象力与创造力，可促进思维运转。它也能让孩子更好地应对不安或苦恼的事（嫉妒、痛苦、悲伤、害怕、愤怒、死亡等），让他有安全感。相对而言，讲故事时感受到的快乐就像舒舒服服地躺在沙发上读一本侦探小说或者看一部悬疑电影时感受到的一样！

孩子在听故事的过程中，会与故事中的人物感同身受，也会辨别人物呈现的一些情感，这能帮助他克服自己遇到的困难并帮助他成长。

利用睡前故事时间，时不时地给孩子推荐与日常烦恼主题相关的书，比如害怕邻居家的狗、与兄弟姐妹的争吵或者把自己吞没的怒火。孩子听完故事后会产生困意，讲完故事后与孩子的交流或许能帮助他理解他所处的世界与自己的行为。

⋆

一日的安排就基本上完成了。一天结束后，孩子满载而归，回到家中和家人分享一天中的见闻，共度夜晚时光……渐渐地，孩子会进入到放松状态，通过睡眠来恢复精力，然后再开始充满能量的新一天！

舒缓夜晚的必要准备

卧室内

除和谐晨间版块所建议的布置之外：

- 写明各个准备步骤的好习惯卡片；
- 便于穿脱的睡衣；
- 尿布或内衣；
- 贴近地面的床铺，灯光微亮的床头灯。

浴室内

除和谐晨间版块所建议的布置之外：

- 舒缓、放松、柔和的洗浴用品；
- 按摩油及精油；
- 清楚标明白色及有色标签的洗衣篮。

门厅处

按和谐晨间版块所建议方式的布置。

其他

- 光源分散；
- 一杯好茶或凝神静气的饮料；
- 瑜伽、冥想或有意识地深呼吸；
- 保持安静环境、播放舒缓音乐、聆听音频故事、阅读。

什么年龄做什么事

2岁	· 脱下并放好鞋子 · 挂外套，整理帽子、手套等配饰 · 清洁身体 · 将衣物放入洗衣篮 · 取出睡衣或室内休闲服 · 用湿纸巾擦手 · 仔细洗手 · 开始使用牙刷
3岁	· 脱下全身衣物 · 独立穿睡衣或室内休闲服 · 擦干头发并在洗澡后梳头 · 认真刷牙 · 参与家庭自制洗浴用品的过程 · 从浴缸中拿出玩具并放回原位
4岁	· 折叠并放好衣物 · 折叠浴巾 · 洗头 · 洗澡前的准备工作（拿洗浴用品+试水温）
5岁	· 吹干头发

愉快共处的温馨家庭

和自己在世界上最爱的人一起生活，很美好但有时候又……烦不胜烦！在日常生活中，很多时候，每个人的性格与需求都不一样，因此我们在相处的过程中会各种咕哝、抱怨、喊叫、赌气与争吵。但我们也会微笑、关爱他人，与人讨论和开玩笑。我们只需要尽可能地往好的一面去做就是了！

做好规矩而不是提出禁令

孩子小的时候，我们会花很多时间不厌其烦地重复这些话："把你的东西摆放整齐""把你的玩具借给别人玩""不要大喊大叫""听见我说的了吗？""不要这么没耐心"……您太把这一系列禁令或者指令放在心上了。这些是您自己的基本理念，是您受过的教育的产物。对孩子也要这样吗？大可不必！

为什么不考虑建立一套家庭规范呢？可以用肯定的表达方式（也就是去掉"不要"）重述"简短的禁令"，以此来传达您看重的准则！

要是每一个家庭成员都参与其中，都认可这一套规矩，那它就更具有权威，更容易获得成员的倾听和尊重。这样问孩子：“你呢，你想在列表里加上什么规矩？”

这能够肯定他在家庭中的地位（别担心，孩子的道德感通常十分强烈），并且可以表明并非总是由大人来制定针对日常琐事的规矩，还能间接地让孩子理解为什么遵守规矩对于每个人的幸福来说那么重要。

所以发生冲突或小打小闹的时候，就按照家庭规矩来解决，从而避免费时费力的争论：“别这样，你想想，这犯规了！”

为了达到预期效果，最好找一个大家都在一起的时刻，在大家愉快相处而没有冲突的情况下制定这些规矩。

落实行动之前

您在召开家庭会议时，会惊奇地发现孩子提出了很多意见：他们深知该做什么和不该做什么。然而，为了确保没有遗漏那些最为核心的规矩，还要找到最恰当的表达方式（去掉没完没了的“不许……”这样的表达）。首先家长列出一些“理想”规矩，同时也想想希望传达哪些准则：当然不要提出禁令，而要用肯定的表达，让大家都遵守这个规矩。

展开行动！

您准备好了吗？那就开个家庭大会吧！向他们解释，制定家庭规矩能够让生活更美好。这是大家都能够积极参与的活动，不要提前通知会有哪些惩罚！问问每个成员他们想要添加哪些规矩——您自己可以先列举一条，或者问问孩子对您想要提出的规矩有什么看法。最基本的规矩不要超过六条。您可以参考以下几种规矩。

针对大人的规矩/规范

- 有耐心。→这是为了与他人建立良好的关系。
- 讲卫生。→这既是尊重自己，也是尊重他人、尊重生活。
- 讲诚信。→这是为了大家能够相互信任。
- 讲礼貌。→这能够让他人倾听自己，并且利于与他人保持良好关系（使用你好、请、谢谢、再见等礼貌用语，别打断别人说话）
- 学会倾听。→别人在对我们说话时要看着对方的眼睛，并且要迅速地回答以表示自己认真听了对方说话。
- 要大方。→学会分享，让大家相处得更愉快。

针对小孩子的规矩/规范

此处要使用第一人称单数，这是为了让孩子有参与感，并且要使表达更幽默！

- “如果我没有自己先去找一遍，就不会问在哪里！”
- “我不说‘我渴了’，而说‘亲爱的妈咪，请给我一杯水好吗？’”
- “我不用手抓吃的，薯条除外。不抢哥哥的薯条吃！”
- “除非有怪物过来袭击我们，否则我绝不打断别人说话！”

立好规矩以后，在家庭成员面前读一遍，要确保每个人都听明白了，并且这些规矩得适合所有人。然后工整地抄一遍，并借助图画来美化页面。理想状态是孩子们也积极主动地参与其中。

最后，再次召集家庭成员，向他们展示并重读一遍家规。让每个人郑重签字（会写字的就用钢笔签字，特别小的孩子就按下手印，这会非常好玩）。

把家规贴在醒目的地方（贴在冰箱上或门上）。觉得有必要的话，多印几份。经常看看这些规矩，对照自己的日常行为，无论好的还是不好的。

注意自己的言辞

试试以下做法。您在非常悠闲的时候可以去公园走走或者童装店逛逛，然后仔细听。各种指令、禁令、警告、最后通牒和否定句（带有“不要”的句子），要不就是命令句！我们作为成年人根本无法忍受这些，也不敢对除了孩子以外的其他成年人说（您要是跟同事这么讲话，他会让您冷静几分钟，不是吗？！）。

赶紧重新审视一下自己的言辞，不要向孩子絮絮叨叨那些不中听的话。这很容易，也更接近我们实际希望对孩子说的话。为什么不说呢？换一种言辞，也让交流更高效。

不要走到马路中间，很危险！

注意，孩子不太能理解否定词。我们的禁令往往会产生与预想的相反的结果。为了让孩子完全理解指令，使用肯定句：“你在人行道上会很安全。”同样，要学会把以“不要……”开头的表达改成肯定的表达（不要说“不要打人”，而要说“小手是用来干活儿与抚摸的”）。

小点儿声！

如果您真诚而果敢地表达自己的需求，那么孩子也会这样表达自己的情感："我这一天过得真累""我头疼""我需要集中精力（来看书）""我想休息一下""我希望你们安静点玩"。

小心摔跤！

需要承认的是，在一般情况下，孩子不会出岔子。但如果一个否定的命令在孩子脑海中产生一种否定的意象，那么常常会出问题（"小心，别出岔子"也是一样的效果）。假如孩子有摔跤的可能，或是您实在太担心，那就走到他身边问问他是否能稳住。陪在他身边，但不要急着帮他，这能够培养孩子对自己能力的信心。

快点！

孩子是没有时间观念的。只需要给他简单的指示，然后继续准备自己的东西。这是敦促孩子行动的最好方式："穿好鞋子和外套！五分钟后我们就出发去上学！"

没关系的，不要紧……

当孩子摔跤了或撞到哪了，我们常常有种奇怪的反应，我们会把他的痛苦或害怕的情绪缩小来让自己安心。帮帮他吧，问问他身体和心理上的感觉是怎样的："你害怕吗？疼吗？给我看看你的伤口，我们来处理下伤口好吗？"

别害怕！

害怕是一种非理性的情绪，否认它也没用！孩子害怕时，要马上安慰他，给他安全感（“快到我身边来，我会保护你的。”），然后让他详细描述刚刚看到了什么场景，这样能缓和他的情绪。

你真笨！

请相信孩子会立即发现自己哪些地方做得不到位，并且如果是自己能力出了问题会更加苦恼。不要一味地否定孩子，观察一下情况，通过一个开放性的问题鼓励孩子用行动修正自己的不足之处：“我看到桌上有水！你需要什么东西来把它弄干净吗？”要把水倒进杯子里而不洒出一滴，孩子尝试的次数越多成功得越快。

立刻停止胡闹！

抱歉，恐怕没人会听！孩子显然是在闹情绪，他听不进去的。等这股情绪消退了，自然就会平静下来。您可以陪在他身边安抚他的心绪（把手放在他的肩膀上，或者温柔地看着他），然后慢慢解开他纷乱的想法。

去洗澡吗？

仔细思索一下这个表述。这是您给孩子提的问题吗？您真的想要陪孩子洗澡吗？不是？那就清楚地说明您的要求：“你今晚得洗澡哦！你自己脱衣服，我来把水准备好。”

“你先把房间整理好，我们再去公园！”要把这句话替换成另一种表述才好：“你如果可以……（把房间整理好/刷完牙），我们就……（去公园/讲故事）”这样就去掉了要挟的口吻，转而让孩子学会主动为自己的行为负责。

别碰它，容易碎的！

小手生来就是为了探索世界，孩子的智慧也由此而形成。那就别妨碍孩子的成长！告诉他如何小心翼翼地使用易碎物品，并且把您特别关照的小玩意儿放在他够不着的地方！

打小报告可不好哦！

如果孩子对您讲另一个孩子做了什么，他是想要听听您怎么看，其实这更是为了确信他自己的想法。让他说吧，他在树立自己的道德观呢！“你说的故事真好玩。那你呢，你怎么看？”

当然，以上列出的建议并不完善，但可以给您一些启示，遇到各种情况时也能参考里面的内容。您如果质疑其中的说法或者觉得这些内容不够好，那就想象一下，您不是在对自己的孩子说话，而是一位来到家里的客人……那么您还会对他这样说话吗？您会怎样调整自己的表达方式呢？尊重人的表达往往效果更佳……

日常小摩擦还是情感大危机

日常小摩擦是如何产生的？它来自不同的需求/愿望之间的冲突：孩子想待在公园里，而您还有一大堆事要回家做；您想安安静静地看书，而他想跟您一起玩；晚上该洗澡了，而他只想休息，诸如此类。在压制与被压制的关系中，天平总向着大人的需求与愿望倾斜，但是要改变这种关系，也不能让孩子来决定一切！因此家长要认识到有些时候自己与孩子会有不同的需求与愿望，无论最终的决定对哪一方有利，都要真实地反映与尊重孩子的想法。

第一层：日常小摩擦

周一早上，8点07分，您在家费劲地收拾了一番之后发现上班已经迟到了，十分恼火。但幸好只用再穿个上衣和外套就可以出门了。您瞄了一眼窗外，十一月的天气已十分寒冷，草地上覆盖着一层霜。您叫孩子把外套穿上，而他还在卧室的地毯上打滚。您一边收拾包包准备出门一边重复着刚才的话。孩子毫不理会，继续着他的“晨练”。不管怎么样，得赶紧让他听话然后出门啊！在这种情况下，通常会出现两种截然不同的反应，一个火急火燎，一个气定神闲，但总之两人都没什么效率……

重复，重复，再重复！提高嗓门、喊叫、威胁，然后抓住孩子一边试图强行给他穿上外套一边训斥他，说些难听的话以表达您的失望。结果是：你们两个都陷入了麻烦……您可能会多迟到二十分钟！

由此可以发现，您有些事情没有做好，因此怒火渐渐燃起。您迟到了以后，就开始浪费自己的时间与精力。

是时候改变策略了。给自己留出三十秒的时间，想想以下这些问题。

是否清楚地提出了问题？确定孩子听见了吗？

很多时候的交流都是无效的！一个句子的结尾音调提高（让人以为这是在提问），不合时宜地使用“我们”这个人称代词（“我们穿上外套？”），无休止的重复（最后被当成耳旁风），（谁都不愿意接受的）专横的命令，这些都司空见惯……却徒劳无益！

与孩子交流时，要从孩子的角度来考虑，看着他的眼睛，等他集中注意力了以后，要像面对着另一个大人一样，简洁明了并且友好地提出自己的要求。

孩子的基本需求都没有得到满足的话就不会听话

饥饿、口渴、困倦：孩子吃饱了吗？睡好了吗？没有的话，那就重读一遍晨间习惯吧。

如果这些都满足了，那就还剩情感上的需求。您再仔细想想，或许就会发现，今天早上孩子对什么都无比厌烦，根本不想配合。赶紧找时间聚在一起交流交流吧！跟他一起打滚、一起打闹或者亲亲他，弥补情感的缺失，满足他得到关注与关爱的需要吧。

小贴士

感到失望、威胁以及受到惩罚怎么办？

我非常喜欢杰斯珀·朱尔说的这段话：“我们把惩罚纳入了亲子关系中，就像放置了一颗通信卫星，同时也在说：‘从今往后，我不再坚持让你尊敬我，但我希望你重视自己行为的后果，像之前敬重我一样敬重这些后果。’如果这不是一种让步，便是亲子关系急转直下：孩子越来越不听话，随之而来的惩罚也越来越严厉。”

杰斯珀·朱尔是丹麦的家庭心理治疗专家，他写过二十余本关于教育的著作。他在作品中讨论过宽容而亲切的新型亲子关系的基础。

要幽默！

这是一个能立刻引起孩子注意的神奇技能。让人感到轻松的笑声能够让大家都保持愉悦的心情！但这个方法也并非永远奏效。记住以下几个简单的技巧。

★ 扮演一位滑稽人物（唐老鸭、道菲尔太太）或者用滑稽搞笑的声音讲话。“我看见小巴斯蒂安单脚旋转了一周，然后单脚向门口冲了过去，好危险。但全过程都没有出岔子，他只剩穿上戏服了。他能同时穿上两个袖子吗？”

★ 您也可以虚构一些场景。例如，晚上沐浴时把自己当成细菌猎手；把房间当成一片危险的丛林，整理房间时想象自己是一个探险家；或者把自己想象成一个兽医，正在给一只已经吃过一头河马和一只鸵鸟的可怕鳄鱼刷牙，给它清理牙齿间的残渣……

★ 大胆地做与之前期待相反的事，让孩子长记性！孩子没穿外套就准备出门了？拿出他的泳衣然后问他：“你没落下什么东西吗？”在不同的情形中，可以把袜子套在他手上，把裤子套头上，假装用牙刷刷头发或者腋下，果断拒绝他吃您盘子里的四季豆。

★ 借助其他物品，比如沙漏、计时器或者用一首歌来计时：“这首歌结束之前，大家都要穿好衣服”“手机的计时器响了以后就要出发了”“注意，沙漏漏完之前收拾好哦”。

★ 您还可以让物品“说话”：“模仿鞋子的口吻说：‘不，不，不要忘了我’，外套也恳求：‘我呢我呢，别把我单独留下！’”

孩子就是不肯怎么办

要明白孩子其实不会说“不”，他仅仅是在某一时刻倾听自己内心的需求。他在家打滚以后感觉很热，还要穿上外套？这是为什么呢？他无法像大人一样理解外面的天气现象！把外套拿着，等他出门以后感觉到冷了自然就会穿上。

或者当时他想活动活动，那就建议他跑步去学校。这能够给他动力。

在所有假设的情形中，都没有发现孩子说“不”的背后有一种故意想惹人恼怒的心态以及对大人权力的抗拒。也许他不想挑起什么冲突，

小贴士

向孩子描述他的情绪，让他更好地表达自己的感觉

“当大人（向孩子）说了一些话并问他是否赞同时，是在帮助孩子意识到自己体会到了些什么情感：‘你害怕了吗？生气了吗？感觉好吗？’然后孩子也许会承认自己的感觉。如果大人这样跟孩子说话，孩子在成长的过程中同样也会这样表达，从而越来越好地表达自己的情绪，并进一步获得较高的情商，这利于调节情绪和与他人和睦相处。”（摘自卡特琳娜·盖冈的《如何高质量地陪伴孩子》）

只是想变成一个独立而完整的人，想表达他自己的需求、愿望和情感。这是至关重要的成长阶段！

您有清楚明了地表达需求与不足的能力

别拒绝表现自己的不足。从自己的情感角度出发，坦率地承认自己的不足既不丢脸也不可耻。

我们讨厌和孩子吵架，都希望孩子能接受自己的观点立场。真荒唐！孩子最需要的是有人能够引导他。您想要准时出门，孩子想在地上打滚，二者本身都没有任何问题，但家长的意见总是占上风的。没必要跟孩子争执不休，也不必非得让他同意您说的话（“你打滚的时候非常开心，但我可不想上班迟到，我们该走了。”）。

永远不要忘记，在日常生活的各种情形中，您作为大人得负责沟通与做决定：“你喜欢吃饼干。但不是现在，等会再吃”“我可不喜

欢你在客厅把玩具撒了一地不收拾就走了，我希望你能够把玩具放回原位”“我想十分钟以后打完电话就给你讲故事”。

如果跟孩子用一种坦诚、尊重和个人化的（“我想”“我需要”“我认为”等）方式交流的话，他大多数时候都会欣然接受您的意见，不过偶尔不会。他跟其他人也毫无二致呀！

第二层：孩子陷入危机

有时候，您无法阻止孩子陷入一场真实的情感风暴当中。他会喊叫、哭泣，让自己难受也让您难受（语言上或者行为上），或是打碎物品。

每家每户的孩子在2至5岁时都会经历这样的危机。这也十分正常，因为孩子还没有处理强烈情感的能力。正如儿科专家卡特琳娜·盖冈所说：“小孩子还无法理解自己身上发生了什么，也描述不出来。他还不具备表达和形容自己情绪与情感的能力。他无法让扁桃体冷静下来。”因此这些猛烈的危机既不是“任性”也不是“邪恶的怒火”，而是到了正常的成长阶段。这是他在特殊时期处理情感的方式，他可能感觉到了不公、无能为力、悲伤、愤怒、异常兴奋和欢乐，或者什么都想要。

教他认识自己的情绪

如果您真想阻止这些危机，帮助孩子控制自己的情绪，作为家长就务必帮助他清楚地认识自己体验到的情绪与情感，无论是哪一种。要从孩子很小的时候就教他什么是悲伤、愤怒、厌恶、羞耻、害怕、快乐、爱、惊讶、感激、罪恶感和不安等，并且尽可能地讲清楚（在什么样的情形下有什么样的感觉）。在这方面，有很多关于儿童的书籍能够给您带来帮助，如：吉斯莱娜·杜丽叶（Guislaine Dulier）的《山姆·沃特森：比愤怒更强大》，米雷耶·阿隆索（Mireille d'Allancé）的《罗伯生气了》，雷德利克·拉马迪埃（Cédric Ramadier）的《愤怒的书》，卡特琳娜·多尔多（Catherine Dolto）的《愤怒》。您也可以在孩子面前大声讲出您自己的一些情绪。但不要把这些情绪定义成“积极的”或者“消极的”，而要用“让人愉悦的”或者“让人不悦的”来形容：悲伤尽管让人不悦，但它就是一种典型的必要情感，把它说成“消极的”会促使孩子全盘否定这种情绪。

还要告诉孩子，情绪是短暂的（情感则是持久的），它可以让我们认识到自己在特定时刻的需求是什么，并且推动我们去满足这些需求。因此教孩子认识、接受与倾听这些情绪太重要了：情绪是我们最好的盟友，它促使我们做出最合适的行为。渐渐地，孩子就能够自己识别并理解这些情绪了。

孩子陷入危机时该怎么办

★ 别压制这种危机（“别哭了”），别批判（“总是这样，真可笑”），别惩罚（“我不许你生气，快回到你的房间里去”）。尤其不要通过吼孩子来让他冷静下来，这只会让他哭更长时间，延长危机。伊莎贝尔·菲丽奥扎（Isabelle Filliozat）强调：“我们给孩子树立的榜样并没有起到太大作用，不仅如此，提高肾上腺素和肾上腺糖皮质激素也不是帮助孩子平静下来的有效方法！”

★ 孩子陷入危机时，不要像去灭火一样立刻安慰他，这八成会否定他的情绪。

★ 要反过来把它当成健康的情绪——即便它让您有些恼火。孩子在他最信任的人——家长面前会卸下心中的包袱，您也更希望能帮助他渡过难关。

★ 孩子情绪失控时，他会告知我们他发觉自己有什么不对劲的地方以及感到了不适。别把冲突、愤怒、挑衅和暴力混为一谈。要是他想说出来，就让他说说吧。正如海姆·G. 吉诺特（Haim G. Ginott）说的："任何情绪都是正当的，但并非所有行为都可以被接受。"

★ 别忘了，这样的压力是经历了某一事情之后的立即反应，也可能是曾经发生过的好几件事引起的情绪爆发。卡特琳娜·杜蒙黛依-珂美尔（Catherine Dumonteil-Kremer）完美地解释了让我们十分头疼的"碎饼干综合征"。"孩子在幼儿园度过了糟糕的一天，或者在街上的一个公园里被另一个孩子欺负了，他心里就充满了各种不愉快的情绪。突然他意识到您给他的饼干也弄碎了，于是他陷入了暴怒的危机，将所有积攒已久的压力一股脑地释放出来。这是一项十分重要的工作。"

★ 危机爆发之时，最好的解决方式便是能够真诚地站在孩子的立场设身处地地为他着想，体会他的情绪，并且表达出他的感受："你好像生气了/你好像很暴躁/很气恼……"给他分析一下为什么会出现这些情绪："这是因为你太想吃冰淇淋了/待在公园里/要这辆小车。"您还要确认一下自己对孩子情绪的猜测："是这样吗？"要是无法确认，就问他："我很确定你在生气。那你想怎样呢？"海姆·G. 吉诺特说："当孩子们感到别人能够理解自己，他所承受的孤独与痛苦就会减轻，对父母

小贴士

“暂停”一下如何？

在健康的亲子关系中，家长会摒弃使用武力、大吼大叫以及惩罚措施，转而推行“暂停”方法，即暂时与孩子分开一会儿（“回到你的房间去，冷静一下”）。超级南茜（Super Nancy）全盘接受这一方法：让三岁的孩子回房间冷静三分钟，让四岁的孩子冷静四分钟……然而，我们忽略了两个关键的地方。

第一，“暂停”是对老方法的重塑，其终极目标是把个人从集体中排除出去。这很可耻，做出的决定从来都是单方的，家长拥有绝对权威。这不利于让孩子成为一个独立而完整的人。

第二，孩子还无法理解这种惩罚的真正含义！受罚的是他的行为还是他这个人本身？他是因为做了什么而被惩罚，还是因为他是个什么样的人而被罚？对我们来说，有时候这些界限很模糊。例如，有时我们出于愤怒而说“你真坏”而不是“打人可不好”，孩子则被迫接受这一切都是他的错。这样做会损害孩子的自尊心。

孩子如果被公然羞辱，他一个人静静地待在角落里又能领悟到什么？一个三岁的孩子把夹克衫落在了公园里，然后您把他一个人关在房间里思过，他又能长什么记性？什么用也没有。

仔细想想让内特·图尔蒙德这番充满智慧的话吧：“一定要相信，生活比我们自身有更多的想象力来让孩子度过那些不愉快而有时候又不可或缺的时光。家长的目标应该是陪伴而非干涉。要知道，当孩子犯了错后面对并且承担后果时，他需要的是爱与关怀来赐予解决难题的力量。”

的爱转而增多。父母的关怀是治愈悲苦的第一良方。”这是我们需要明白的。

★ 愤怒会阻碍思考，仅仅是回想一下生气的原因又会让人再次生气。帮助孩子避免这种情绪冲动，让他发现自己隐藏在表面反应背后的深层需求（获得尊重、认可的需求）或情感（悲伤、受到不公平的对待、失望、无能为力感）。这样能够让孩子从愤怒转移到悲伤、失望、沮丧、无能为力等状态中去。帮助他接受自己的情绪：“你有权利哭泣，我就在你的身边，我能理解你的悲伤。”

★ 在孩子面前，要用轻柔而坚定的声音说话，举止要得体，别太突出家长意识。想想看，满足孩子的（睡眠、饮食、情感）需求是家长的义务，但这些并不总是能够/应当得到满足。这些需求是生活乐趣的一部分，在这个意义上，它们是能够被察觉的！另外，问问孩子他为什么这么想要某一个东西，得到了以后又会怎么做等。做一个安静的倾听者，让他表达自己，这样可以唤醒他的愿望，从而冷静下来！

第三层：耳光、伤人的话语、尖叫声不断！

不管触发我们情绪的一连串情形或者状态是怎样的，重要的是要理解当时脑子里的想法，以免重蹈覆辙。

当孩子遭到性侵犯或被羞辱时，大脑会受到惊吓产生化学反应。孩子依恋父母，父母的手理应给孩子带来关怀与安全感，现在却反而用来攻击孩子，他无法理解发生了什么。他的神经系统难以承受这种程度的压力：在荷尔蒙（内啡呔）的作用下，大脑完全麻痹，某种程度上出现“短路”。有时候这种反应太强烈了，给人造成一种不真实感、距离感，让人以为自己（无论是生理上还是心理上）什么也感觉不到了。然而打屁股的经历被原封不动地保留着，产生的情绪困囿于大脑中，留下不可磨灭的印记。

孩子一旦长大成人，这一记忆便会（有意识或无意识地）浮现出来：当他处于某些特殊场合，遇到情感上的难题，曾经的遭遇便再次自动显现。因此，遭遇过这般行为或话语的伤害以后，人常常会处于惊吓之中。我们都可能是这种行为的受害者。没错，这就是事实，而且受害者（几乎）只能默默承受。

如何避免再次“短路”？

首先要明白大脑是如何运作的，并且承认“打耳光、打屁股，这是我们犯下的蠢事，它来自我们自己童年的创伤”（伊莎贝尔·菲丽奥扎）。这是决定性的一步。追溯您自己的人生经历，敢于直面自己受过的创伤，这是唯一能够真正解脱自己的方式。

但在有些日常情形中，您不可避免地发火。当您感觉能够遏制自己的怒火时，对孩子说：“遇到这种情况，我不知道该如何是好。我感觉自己怒火中烧，我希望我们暂停一下，谁也别说话。”您需要独处片刻（如果孩子很担心，那就假装去洗手间），重整思路，冷静下来。深呼吸，喝一杯水，这能让内心平静。回想一下孩子还是小宝宝时的样子，这样可以减少一些怨恨，重新换位思考，增进依恋之情。跟另一半交流交流，如有必要，暂时让另一半来照顾孩子一段时间。或者给朋友打电话沟通。

这段冷静时间是十分必要的，暂停一下，找找解决方法。您还可以让孩子一起找："你也许找到了解决我们之间问题的办法？"孩子会自己提出解决方式，或者意识到自己行为不当而主动道歉，这也并不少见。

最后，鼓起勇气认真地给孩子解释："无论你说了什么、做了什么，任何人，即便是你的爸爸妈妈，都不能打你、辱骂你、不尊重你。"对孩子说这些，并不是把生气的缘由归咎在他身上，而是面对面地向他说明您不会对他那么做。您可以多举例，简单明了地说明希望告诉他的道理："我们两个都心知肚明，不能欺负比自己小的人。相反，要照顾他们、保护他们、帮助他们。所以打屁股这个行为，打的人比被打的人更加丢脸。总会有更好的解决办法的，我们得一起找找。"

学会道歉

和平交流方面的专家米歇尔·盖（Michèle Guez）有一句名言："每当陷入僵局，我就会设法疏通。"如果您对孩子做出了什么不尊重的行为或说了什么不好的话，那就向他道歉："这个行为/说这些话是不对的。家长有时候也会犯错，刚刚就是十分严重的错误。我真诚地向你道歉。"您得全然为自己的言行负责，因为这是您个人的责任。无论孩子说了什么做了什么，您是唯一的成年人，有必要另寻解决问题的办法。

★ 了解孩子生理或心理上的痛苦："我不该让你害怕/受伤/给你一种我不再爱你的感觉……"

小贴士

语言攻击的后果没那么严重？绝非如此！

奥利维耶·莫雷尔调查过曾遭到侵犯的人，其研究结果证实：“被打之后，过了一段时间，我感觉不到疼了；但我妈或我爸对我说的那些侮辱性的话一直都在。”的确，这些例证都来自经常出现暴力行为的家庭。而我们可以轻易理解，在愤怒的驱使下，“你一无是处，你是个蠢货，什么都做不好”或者其他类似的话，就像使用了武力一样，会给孩子的内心造成伤害。这些话伤害了他的自尊心，甚至能够影响他的未来。在出口伤人之前，请三思。

★ 即使您不好解释自己的行为，也可以向孩子说说是什么触发了您的怒火。向他表明，您意识到了不应该这样来解决冲突，并且要一起寻找解决最初问题的方法。

★ 问问他是否接受您的道歉，是否愿意再进行身体上的接触（爱抚、把手放在肩膀上）。如果他不愿意，那他也许需要些时间，让他想通了以后再投入您的怀抱。

★ 独自一人或跟另一半一起花点时间想想发生过的事。想清楚事情的起因经过，找出事情发生的原因，仔细想好下一次要是发生相同的情形该怎么做。这样的经历当然是一种失败，但我们应该抓住这个机会汲取教训，成为更好的家长。

特别重要的是：如果您在这一过程中产生了心理障碍，还不断重复暴力行为，在能够及时发现（“你没偷那个东西！”），或者做出事先警告孩子（“你要被打屁股了，别说我没提醒你！”）的行为，赶紧向专业人士寻求帮助，这对孩子和对您自己都十分必要。

与祖辈在一起

事实上，祖父母、父母、孩子三者之间构成了稳固、温情而炽烈的关系。这一关系由来已久，无法追根溯源。但这个关系也可能引发混乱的局面，就像打结的线球一样！

我不打算详细分析这些关系。我要说的是，父母依据好的育儿原则来教育孩子，但是当孩子面对祖父母提倡的另一套价值体系（在祖父母那个年代价值体系十分重要），他又该如何成长。

代代更迭，而一代人与另一代人之间或多或少会存在一些隐藏着的分歧，深远持久，或者埋下了冲突的种子。这个话题既温暖又棘手，其中的问题又常常不仅涉及孩子。但我们也应当理解我们（祖父母、父母、孩子）会遇到全新的问题，因此需要寻找新的方式和平共处。

现如今，大多数家长（尤其是女性）选择全职工作。为适应这种变化，看护孩子的方式也更多元了。但家长因为要全职工作，或仅仅是为了应付每年为期十六周的学校假期，他们会请孩子的祖父母来帮忙。无论是每天照料孩子（在法国占7%）还是定期照料孩子（在法国占60%），都有增多的趋势。以前祖父母偶尔（在长假中）看护孙子孙女或应父母请求看护（周末或不定期），现今这些都从乐趣变成了一种必须！而其中大家都有些越界了：祖父母利用这一亲近关系扮演起了教育者的角色，不把父母制定的一些规矩放在眼里，处处讲着他们的道理。孩子的父母则要求他们严格遵守之前定下的规范（看护时间、饮食安排、活动安排、睡觉时间、午睡时长）。不得不承认，这些规范有时对于原本就没有扮演父母角色的人来说太苛刻了。

然而，现在的祖父母不再是整天围着灶台转的一代人了！他们注重仪表，潇洒而活力四射，参与各种各样的活动，手机或平板电脑不离手。但我们也没有因此忘记了现实的情况，那就是他们实际年龄并不小了。他们已经很久没有照顾过孩子，也不再像年轻时那样了。照顾孙子孙女对他们来说是一件非常辛苦的事。

而且，生于婴儿潮时期的祖父母们早已为他们的孙子孙女定了调，那就是“太好啦—天啊”。是这样：

“太好啦，他们来了！天啦，他们终于走了！”婴儿潮时期出生的孩子，通常会享受生活。退休了以后，他们就更是享乐的一代了！他们想要的是与孙子孙女们一起玩。所以他们会提前与孩子们一起玩乐，安排好一些活动和游戏，还有下厨准备好吃的等。他们也会破费为孩子们买一些奇特的玩具。然而，相处中要是出现了危机，孩子生气了、赌气了、受刺激了、排斥他们、和他们争吵，他们可就不知道怎么应付了！那样的话他们就会给孩子讲自己的那套行为规范，而这些可能与好的育儿原则不相符，跟您的理念也不符合！

最终，“好提建议”的祖父母会轻易误导没有经验的家长：“孩子的被子没盖好”“让他哭吧，哭一会儿就睡了”“你要是妥协，他就无法无天了！”。有个老掉牙的窍门：我们的父母很健忘，这是为了说服我们，让我们相信他们的建议是有理有据的。他们似乎曾经是乖孩子！他们早早地洗漱，早早地上床睡觉，从不任性（实际上不是这样），不拘泥于餐桌礼仪，主动向人问好和说再见，不评头论足，也不指手画脚。这里暗含的意思是："我们是很棒的家长，你应该向我们学习！"坏消息是，很难让祖父母理解我们的时代与孩子都跟往昔不同，教育方式也是不同的！但再过几年我们也会健忘："生气了？没有啊！晚上醒来很多次？不可能！"

如何处理祖孙关系？

与祖辈相处的优点

祖孙关系的重要性非同小可。祖孙相伴让祖父母的心态更加年轻，有助于他们恢复精力，并且享受到浓浓的祖孙情，同时也会让孩子体验到另一种维度的亲情。孩子与祖父母相处时，也会像跟自己的父母在一起时那样，感受到爱、变得自信以及收获情感上的支持。孩子的父母若是不住在一起，在这茫茫天地间，祖父母给予他的爱会给他安全感，让他自信地成长。

当然了，祖父母是家族史最好的传递者：给孩子讲讲家族史，孩子会听得津津有味，可以追根溯源，更好地理解家族是如何发展到今天的。

另外，跟祖父母在一起时的生活节奏没有那么紧凑，日常生活中充满了各种小插曲（或老一辈的习惯），因此孩子可以多休息休息。

最后，祖父母给孩子打开了一扇美妙的自由之窗：孩子与祖父母的关系常常充满新奇和乐趣，没有教育的重负。在很多方面可以不用担心地放飞自我：看电视、吃东西、送礼物、穿衣服，无一例外，并且孩子能够完美地把这两种不同的日常生活区分开。

明文规定的几项禁忌

相反，有些规定需要严格遵守。比如打屁股（尽管“这又不会死人”）、羞辱（“你吃饭像个小婴儿一样”）、吓唬（“别怕这只小狗”）、未得到孩子父母的允许传递宗教观念。同样，（大家都在一起时）质疑父母对孩子说的话也不行。如果出现这些情况，要立刻跟祖父母沟通。这是您的孩子，您要采用自己的教育方式，这些方面可没有商榷的余地。

如果情况不妙，那就让祖父母与孩子保持一定距离，好好想想，重建健康的亲子关系。

别试图说服他们

除非您已经有了好的教育方式，否则别耗费精力去跟他们争辩。您无法说服他们，还会适得其反。教育方面不存在固定模式，特别是跟不同辈分的人交流时会发现：没有可比性！（要敢于指出）在不同的时代，亲子关系的规范准则是不一样的，每个人扮演的角色与行为都不尽相同。

在沟通的过程中，倘若祖父母言行过激，那就温和地告诉他们，不能把孩子的父母当成孩子的兄弟姐妹。让他们回想一下，当他们自己为人父母时，与上一辈人的相处过程也是愉快与冲突并存。他们曾经就像现在的您一样，也汲取与上一辈人相处时的优点，但还是用自己的一套方法教育孩子。

信任孩子

别忘了考虑清楚，这是您自己的父母和孩子的祖父母。两者是截然不同的！

我们很难为孩子解读他们遇到的某些话或者行为：但孩子与我们不一样！孩子的适应力很强，面对那些情形，往往会有更多的余地！

偶尔跟孩子确认一下："你记得爷爷或者奶奶什么时候跟你说过这些吗？……如果我是你，我嘛，我就会很烦恼……"没错，简洁明了地告诉孩子您的感受。如果孩子证实祖父母有说过那些话，那就找他们谈谈，需要做出相应的改变。总的来说，孩子说话最直白了："是爷爷/奶奶！他对我说不喜欢我这样做！"

孩子会参考您的言行举止。对他来说，您的一言一行比其他任何人都有分量。所以放心好了！还有别忘了，祖父母是爱着孩子的，祖孙之间出现摩擦需要调整是很正常的，他们的关系要不断磨合。

在路上、幼儿园里、学校里，等等

家长要给予孩子一定的独立空间，当他陷入情绪失控时陪伴在他身边，满足他的饮食需求，找到适合他的生活节奏，这样才能让孩子在父母的陪伴下轻松愉快地成长！

这些做法并未成为"准则"，但这会是最好的与其他孩子父母进行趣谈的时机。您可以在公园里、在校门口、在天桥上、在开家庭会议或与朋友交谈时与其他孩子家长聊聊，别的家长也许实行的是一种特别专制的或过度宠溺孩子的教育模式，又或者只是不同于您的教育方式：其实您是在与他人分享育儿过程中最大的共同点，都希望孩子能够均衡发展、轻松愉快、健康成长、尊重他人也尊重周遭的环境。以此为基础的交流很容易展开！

但有时候也会听到一些不堪入耳的话，甚至是真实的挑衅。我让自己三岁的孩子跑到下一个人行通道时，多次听到路人说："等他被车撞了，你就等着哭吧！"或者在超市里，有人情绪失控："真是个小捣蛋鬼！哎哟，哭的时候可不美哦！"遇到这些不识趣的讨厌鬼，您可以先记住一些反击他们的话来应对，或者直接选择视而不见。

另外，您得维护家长的身份。您做出的选择都是明智的、善意的，也需要投入大量精力、勇气和爱心。不要因为承受了太多的社会压力而在家里一个样，在外面又是另一个样，不然孩子也会迷失方向。如果他被那些针对他行为的闲言碎语刺痛了，或者对您的教育方式有意见，好好跟他谈谈。

别对他评头论足，要向他解释外面的人都有各自的一套行为准则、有各自的信念、所接受的教育也不同。提醒他，您是相信他的，相信他的能力，无论怎样都会陪在他身边。这些不愉快的小插曲大多都如过眼云烟，转瞬即逝，不会留下什么痕迹，所以也无足轻重。

孩子在学校或幼儿园里受的教育与我们的教育方式截然不同。教育模式确实在变化，很多教育机构，比如蒙台梭利、皮克勒、华德福等正在快速发展，大量的传统学校教师也在改变他们的教育方式，提倡个性化教学，比如塞琳娜·阿尔瓦蕾就在教育局中引来了很多竞争者。但这并非主流。您的孩子很可能会面临另一套价值体系，在那样的教育模式中，只有大人才能决定开展什么样的活动，活动在规定的时间内以集体为单位来进行，接触的也都是年纪相仿的孩子，并且犯了错会依据某一规则进行惩罚。

我不会对这种教育模式进行价值判断，也可能是一个能力突出的、和蔼可亲的老师在引导孩子，鼓舞他们，这种方式也十分适合孩子。我要说的是，学校的教育方式可能会与您在家的教育方式迥然不同。

最后，您的另一半有时也会批评您的教育方式。夫妻之间经常会在教育原则上出现争吵！这很正常，毕竟每个人的经历不同，性格、理念、对孩子的期待也不同。假如您真的希望，并且在信念与直觉的推动下采纳良好的育儿原则并给予孩子一定的独立空间，那就这样去做吧！如果另一半不认同您的观点，也可以按照他的想法来试试。也许当他看到孩子拥有了自由与无条件的爱而茁壮成长之后，便会支持您的意见并采纳您的教育方式。

你们可能会提前陷入没完没了的争执，而忘了日常生活的经历要重要得多！

注意以下几点

★ 孩子每天会有六至十个小时在幼儿园或学校度过。除了“传统的”学习以外，必然会有其他的娱乐活动。学校集体培养孩子的好奇心、自信心、信任他人和与他人沟通的能力，传递尊重或宽容的价值观，给孩子打开智慧的大门。如此一来，您就得考虑一下将教育工作者、老师和其他教学参与者视为第一位的教育合作者，然后共同负责孩子在其他方面的发展：您是教育专家，而他们则是教学专家。

★ （已有大量研究结果表明）孩子与教师之间的关系质量会影响学习质量。您只需要确认他们是否能够彼此尊重、和睦相处就行了。

★ 听听孩子讲述在学校发生的事。当孩子向您讲白天发生的一件事时，要相信他说的话。如果您对这件事感到惊讶或不悦，那就问问关于这件事的细节，再重新审视这件事。但别把您的看法强加到孩子身上，问问他的想法是什么。

⋆ 也别忽视这一点：孩子在学校集体生活中的表现可能与他在家或在兄弟姐妹面前的表现不一致。这样一来，您可以了解到孩子的另一面，教育合作者的视角可能更广。赶紧问下老师："您跟我说了孩子在学校的表现，但我没见过他这样。您可以列举一两个具体的情形好让我充分理解吗？"

⋆ 孩子完全可以理解有些人的想法跟父母的想法不一样（在往后的生活中都会遇到这样的人，真是太好了！），学校的规矩跟家里的规矩也不一样，而自己需要去适应。放心吧，要知道孩子受到良好的教育，面对另一个持不同观点的成年人时，便能做出得体的回答。

⋆

如何实现美好的生活是一个现实问题，但远远超出了家庭的范围！因此，与孩子相处时，要和蔼可亲、能够换位思考，明白这一点是当务之急。让他自信地成长，能够理解尊重自己、尊重他人和尊重环境的重要性。在这个意义上，积极教育能够在未来培养一批有责任心、拥有自由意志、独立自主并且生活美满的成年人。

共同的美好生活

您需要注意：

· 建立一套行为规范，最好不要有禁令，将家庭成员提出的建议写下来；

· 确定孩子的基本需求得到了满足（饮食、睡眠/休息、情感）；

· 细心地教孩子辨别情感与情绪之间的区别，并且经常观察和描述他的情绪；

· 明确告知孩子感受和了解舒适与不适情绪的必要性；

· 反思一下自己习惯性的语言中是否存在大量的否定句、禁令、警告、贬损、不当的疑问或要挟，然后积极地改善自己的语言。

危机克服指南

第一层	当孩子的压力变大…… ・让孩子集中注意力，简洁明了、干脆果断地提出您的要求 ・确认已经满足了孩子的基本需求 ・要幽默 ・了解他的愿望，亲切地表达出您自己的需求与不足
第二层	・当心情绪失控！ ・别试图阻止危机的发生，让孩子自由表达，但不要让他做出伤人的举动 ・把恼人的情绪表达出来，换位思考，站在孩子的角度体会他的情绪 ・（直接一点）找出情绪失控的真正原因 ・别太突出家长意识
第三层	当您也被情绪危机感染 ・在孩子面前确认你们两个都已经陷入僵局，您也很生气，并且希望独处一会儿来缓解压力 ・可能的话，一起寻找解决办法 ・您要是做出了不当的行为，向孩子道歉，从容不迫地跟他解释：“无论你说了什么、做了什么，任何人，即便是你的爸爸妈妈，都不能打你、辱骂你、不尊重你。” ・（尤其要通过追溯童年）来分析“短路”的原因，确认危机的情形，和另一半或朋友明确决定如果这样的情况再度发生该怎么做

②

日常生活中的得力助手

您已经了解到，积极教育只能依靠我们自己来实现！您在本书的第一部分或许已经看到怎样的安排有利于培养孩子的独立自主意识，以及选择哪些适合孩子小手的辅助用品能让日常生活更加方便。以下内容开始介绍一些新的配合您完成家长任务的得力助手，它们会帮助您理解积极教育不只是一种教育观念，更是一种生活方式。

实践舒适生活哲学

在一周之中，我们与孩子相处的时光总是匆匆而过。下班回家太晚，洗个澡，准备晚餐，其中还会穿插一些“非处理不可”的电话和电子邮件。赶紧利用周末的时间来弥补：带孩子去公园散步，做一些室外运动，玩两小时的积木；这里准备一份小礼物，那里玩三圈旋转木马。新的一周又开始了。但我们真的给予了孩子高质量的陪伴吗？短暂的欢聚能替代日常的陪伴吗？孩子的幼年时期将为他日后的健康成长打下坚实基础，这段时间我们得多多关照孩子，这也许只是合理安排与重视程度的问题。

家庭/工作平衡点

多年来，丹麦都是世界上幸福感最高的国家。该如何解释这种幸福感呢？我们需要回想一下他们舒适惬意的时光。什么是舒适惬意？

马琳娜·希达乐（Malene Rydahl）在其著作《幸福好日子：向全世界最快乐的丹麦人学习满意生活的10项秘诀》中完美地做出了诠释。“在2010年，丹麦首相拉尔斯·勒克·拉斯穆森陷入了被媒体讨伐的窘境：由于个人原因，他取消了与来自世界各地84位外交官举行的会议，舆论哗然。

传言他女儿脚崴了，他在家照顾女儿。论战变得十分激烈，拉尔斯·勒克·拉斯穆森不得不召开记者招待会。他否认了谣传，清楚地解释道，他很重视首相的职责，但这一职责在人生中是短暂的；相反，父亲的角色却是长久的。几个月以后，他和妻子与两个孩子一起去度假，享受家庭时光。”

这便是丹麦人的幸福要领之一：找到家庭/工作的平衡点！诚然，这是一个事实。我们可以轻易猜到，这样的平衡点能够提高工作效率，让人在公司里更有干劲，提高承担各种角色的使命感以及安逸与幸福感……

如果丹麦首相能够达到舒适生活所必需的实际条件与保障，在工作与家庭之间建立合理的联系，那么也许我们也可以效仿他？我们该怎样安排职业生活呢？这会给我们与工作的关系，与客户、同事、合伙人或者与上司的关系带来怎样的影响？

的确，在丹麦，社会制度有利于实现工作与家庭之间的平衡：丹麦人每天三分之一的时间用来工作（即将近八小时），可以自由支配剩余时间。因此大部分人选择在家做一部分工作，而老板和同事也不会见怪。爸爸妈妈们通常在下午四点去学校或幼儿园接孩子，可能晚上等孩子睡觉了以后再开始工作。人人都喜欢这样的生活模式。另外，有的记者为了制造新闻，说首相的工作态度有些漫不经心，但民众觉得首相是个亲切和蔼、真诚用心的人。这件事反而拉近了他与选民的关系。

法国的文化氛围远不及这般。我们总是忙忙碌碌，有时还给孩子强行安排时间表，比我们自己的还要长：八点半把孩子带到学校或幼儿园，晚上六点甚至六点半再接回家，算下来一周就给孩子安排了五十个小时。

然而幼年时期对孩子的成长至关重要，家长的陪伴是对他们最好的关爱。

★ 孩子信任自己的父母胜过任何人。也正是这份信任让他们得以不断尝试新的冒险，鼓励他们发展自己的能力，应对出现的新难题。

★ 家，是一个安静的、井然有序的地方。它可以让孩子集中注意力，尊重孩子的生活节奏。而集体生活迫使孩子紧跟集体活动的节奏，将他们置于嘈杂之所。

★ 最后，从本质上来说，家会为幼小的儿童提供大量与现实相关的活动与小玩意儿（玩具是幼儿园唯一建议使用的）。

以上这些并不是说孩子在公共场合中适应社会生活不重要，也不是在否定学校教师的教学质量和专业能力，只是想鼓励父母让孩子在家度过更多的时间。可能的话，您可以在几年间通过调整工作状态来实现工作与家庭的平衡。

实际上，有时候这些做起来很容易。自己只需要先考虑考虑，然后付诸行动，向您的上司或者同事协商一下。从长远来看，这甚至能够为健康的生活习惯开辟新道路：早点下班去接孩子，或者当孩子生病时守护在他身边而无需跟谁道歉，也无需解释您必须得这么做。或许您的上司或同事欲言又止，但他们会尊重您的想法，更尊重您的工作。陪伴在孩子身边，您和孩子便可以充分感受到催产素——著名的爱的荷尔蒙。这样一来，您便有机会达到丹麦人的幸福水平！

享受当下，追求简约

“舒适惬意”这个概念很难精确诠释，因为它除了包含平衡好工作与家庭之后的“安乐”以外，还囊括了别的含义，也能够给我们一些启示。实际上，舒适惬意的时光是在一种“热情的简约”中度过的。这个概念既涉及（亲密和谐的场景、柔和的灯光、舒适的家居、高雅的装饰营造出的）氛围，也涉及进行了一些什么活动，仅仅与家人或朋友一起聊天、散步吃美食、喝一杯热巧克力足矣。总而言之，舒适惬意意味着与亲密的人一同品味平凡生活中的点点滴滴。

在家度过的美好时光不一定非要以孩子为中心。不需要想出多么高明的点子，也不必非得具备一位非凡电视主持人的能力，不必全然为了孩子的幸福牺牲自己的享受。舒适惬意的时光，首先便是一起做一些平凡的小事，享受当下。

例如，丹麦人在夏天投入大自然的怀抱，他们会在公园组织烧烤、听露天音乐会或者和朋友家人一起散步。圣诞节来临时（几乎一整天天都是黑的），他们依旧与家人和朋友在一起，不紧不慢地装饰屋子，简约而舒适。他们会准备一大堆坐垫，壁炉里燃着火，点亮不计其数的蜡烛，准备几份简单而美味的菜肴，这些便组成了一个完美的圣诞节。并没有什么特别的事物，也没有复杂而烦琐的内容，不然会给人造成压力，与原本想要达到的目的背道而驰。这样便度过了美好的家庭时光。

舒适惬意也意味着一起进行实用性的活动，比如帮助生病的邻居、点燃蜡烛或准备一束花来装饰屋子、一起准备晚餐、志愿收集会造成环境污染的废品。帮助他人、学会为他人着想、善待他人也是造福自己，

小贴士

罪恶感的恶性循环

我们在生活中总是马不停蹄地向前，然后发现自己陷入了一个恶性循环：（以牺牲陪伴家人的时间为代价）过度工作，让我们产生了一种罪恶感，面对孩子时就会更加愧疚。观看节目、送礼物、外出游玩、娱乐休闲、度假……一切都那么美好。我们竞相发挥自己的想象力，为孩子庆祝生日、准备大堆的圣诞礼物等。这些行动也许能将功补过，但无法真正代替日常的陪伴与关心。更糟的是，我们会让孩子感染上一种叫“富足”的病毒。这种荒唐的疾病会让孩子相信世界是围着他们运转的，一切都只以他们自己的快乐为中心，日常生活寡淡无味、百无聊赖，只有各种活动和愈加精美的物品带来的欢乐才能填满他们的空虚。然而，快乐易逝。当一个人在十岁的时候就已经见过大千世界、体验过世间万象，那么他的余生似乎太过漫长！

这些也是需要给孩子传递的重要价值观。丹麦人也很喜爱这些实用性的活动（只要能感到自己的价值，便心无旁骛）。

对日常生活的几点想法

毫无疑问：选择拥有舒适惬意的心态并且在日常生活中付诸实践是我们对家庭最好的馈赠。千真万确，别把时间安排得那么紧，放慢生活节奏来一起学习享受平凡生活的点滴。虽然凭我们的一己之力并不一定就能做到，但尽快开始、尽力而为吧。孩子的幼年时期转瞬即逝，等他们长大了便不再那么需要我们的陪伴了。

做到真真正正的陪伴

第一个解决办法是最难做到的，但也是最有效的：放下您的手机。漫长的通话、社交网络的连环轰炸、不断蹦出的文字消息——不在场的人一刻不停地攫取您的注意力。最终，科技会让我们与眼前人失联。重新找回那些应当优先考虑的事情吧！晚间生活的节奏变得特别匆忙，一切都有条不紊，之后则平息下来，得以放松休息。您学会了见缝插针地利用时间（例如，正在煮饭时）来照看孩子、提提问题、改善食谱、考虑把下一波照片放进相框里、做个梦……或者干脆什么也不做！

孩子睡觉以后，您便可以随心所欲地看消息了，这样孩子也不会吵着一起玩手机了。

采取这一办法的必然结果是：孩子在跟您说话时，强迫自己认真聆听（即停下手头上的事），专心地看着孩子（如有必要，蹲下身来跟孩子保持同一高度），并且听他把话说完。

提出问题、给出评论、讲一件趣事，孩子需要付出很多努力才能完成这些：这考验了逻辑推理、语法结构、词汇的运用、记忆力、口头表达能力。当孩子在做这些我们成年人看来自然而然的事时，需要给予他们尊重。另外，孩子如果爱说话，主动倾听会给他带来一种被聆听的感觉，满足了他被关注的需要。如果孩子比较内敛，只能不断地鼓励他自我表达。

或许您也可以改进一下日常安排，减少一些任务，从而在晚上有更多的“自由”时间？或许可以在第二天吃午餐时的空余时间再查看信件？准备饭菜时，多准备一倍的量，那么第二天就只需加热一下了。建议孩子每两天洗一次澡，第二天给洗个小澡。晚上也别开电视，不然电视会吸引所有人的注意，不利于家人在一起交流。所有这些方法都有利于做到真真正正地陪伴家人，而且不仅限于孩子！

放慢节奏，充分放空

德国哲学家哈特穆特·罗萨（Hartmut Rosa）研究了很多我们这个时代的现象。从他的著作中可以发现，他十分关注现代社会的几大谜团之一：科技进步能让我们节省更多时间，但为什么我们总是缺少时间呢？从马车到汽车、从火车到飞机、从平信到电子邮件，科技的不断进步让我们得以节省时间，但新的要求也不断增多，我们总是要去完成更多的事，而没有真正地享受科技带来的这一成果。我们并没有每天只写一两封信，而是变成了一天写二三十封电子邮件。我们也没有利用便捷的交通工具节省下来的时间，而是要走比原来多二十倍的路程。这一现象涵盖生活的方方面面，当然，首先是职业生活，也有家庭生活，还包括我们的智识、体验内心深处的激情以及让娱乐方式多样化的需要。而我们默认了这种真正意义上时间的丧失，成为其牺牲品。在日常生活中，我们的大部分行为并非受到各自的价值取向、认定优先考虑的事以及个人愿望的引导，而是被我们的日程表引导！

孩子是这种快节奏生活的第一批牺牲品。无论是平时还是周末，他们被迫紧跟我们的节奏，无法享受片刻的喘息。而我们还额外制订一些计划，让孩子参加各式各样的活动，总是督促他们学习更多的技能：通过集体运动来培养集体精神，通过学习英语成为世界公民，学习钢琴以培养艺术情操，杂技训练培养平衡感，外加为了锻炼社交能力花大量的时间跟小伙伴一起玩耍！就连动画片都被这种快节奏的生活感染了：《神秘的黄金城》（Mystérieuses Cités d'or）的主人公坎迪（Candy）、小机器人阿斯托（Astro），或者埃斯特班（Esteban）与兹亚（Zia），要是跟迪士尼或皮克斯近期作品中的主人公相比，他们就像被舌蝇叮咬了一样！

难怪在这样的生活环境中，孩子的活力会大打折扣：这种快节奏的生活违背、打乱并干扰了他们自然的成长节奏，让他们感到混乱与不适。

时间问题一直是学校的热门话题。一周到底上四天还是五天学、长假到底应该多长时间、放假频率是否过高，所有这些都是新闻媒体和国家教育部重点关注的话题。您知道吗？很久以前，设置长假是为了让农民的孩子能够回家帮忙收割庄稼的。对比过去与当今的生活规律，怎样才能做到尊重孩子的生活节奏呢？

这个问题十分复杂，寥寥数语无法说清。但由此我们可以换个角度来看待时间问题。我们默默地沉浸在成年人的日常事务中，别再高估了自己的行动、学习、照看小孩的时间。重新考虑在家度过“自由”时间的方式吧，不要试图把这些时间一股脑地填满。

好好利用这些时间，做个美梦（但不是胡思乱想），休息一会儿，别顾虑太多……还有别忘了孩子还不了解我们的生活模式、工作/自由时间，但即使孩子似乎“什么也没做”，他的大脑也在不停地运转！

教孩子感受生活中的小确幸

孩子大约到了六岁的时候就具备了领悟能力。适当评论一些日常事件能让他们学会将所见所闻与感想联系在一起，充分发挥他们的领悟力。

给孩子讲述事件里的细枝末节或行为里的美好之处，向他解释这样做能带来欢乐；轮到他来评论时，他也能够关注到事件的美好之处，并且将其与自己的感受、情绪或独特的精神状态联系在一起。

他会逐渐培养自己的感知能力，发现日常生活的点滴小事。通过这个游戏，您很快就能发现，孩子比您更强大！孩子的能力不可思议，他或许会一鸣惊人，他的评论能给您触动，让您的嘴角泛起一丝微笑。

我们经常进行某种积极情绪训练，这可以提高感受到快乐的能力。这些当然也可以成为日常训练的一部分！

小贴士

行动吧

－“唔，你闻到烤炉里飘出的香味了吗？闻着很有食欲。”

－“我想躺在这些垫子上，好柔软，我确实感到很放松。你想试试吗？”

－“圣诞节让我最喜欢的一个地方是，我可以连看几小时的漫画！”

－“你听见小鸟在唱歌了吗？早上小鸟们把我叫醒，我感到心情愉悦！”

－“尝尝这些小浆果，咬破时，里面的汁可真甜！”

－“把小西葫芦切成小方块真有趣。这好像整理了一下脑子里的东西，然后找到新的想法……”

每日high三次

同样，您也可以利用家庭聚餐或聊天的时间来分享在过去的一天中最让您感动的事，并且依次向每个人表达您的“感激之情”。这个词有它自己的重要意义：它除了表示感受到的欢乐以外，还能引起人们感恩过去每时每刻的这种真实而深刻的愿望（感谢某个特别的人、大自然、生活等）。

弗洛朗斯·塞尔旺－施莱伯（Florence Servan－Schreiber）自称为“幸福导师”，她在《每日high三次》中提到她发明的一种神奇的方式，并在家中试验过：形成这样的习惯，向亲人讲述一天中给予了我们帮助并想要感谢的三件事，只有一个要求：如果讲述的是一件让人high起来的事，永远不要横加批评。

告诉孩子该怎么做，往后孩子便会这样说：“今天……

★ ……老师教了我怎么在一个圆圈里画直线，我想练多久就练多久；

★ ……我的朋友露娜帮我找到了背包，原来滑到凳子底下了；

★ ……我养的植物开花了，漂亮极了，真香啊！”

孩子养成这样的习惯，便会积极地度过每一天，从而增强自信以及对他人的信心，怀着感恩之心，甚至还能提高睡眠质量，有助于恢复精力。孩子会变得更加快乐，也希望能保持这个习惯，这是肯定的。

您作为家长，能够给孩子提供妙不可言的灵感，帮助孩子逐渐找到自己的high点。于是乎，轮到您来分享一日中的high事时，要诚实、清楚地描述事实与自己的感受和情绪，想要感谢的人与物以及感谢的话。这时，您可以向孩子表达感激之情：“今天我过得很糟，遇到很多不顺心的事，烦恼多多。但有你在，感受到了你的快乐、你的情感以后，我感觉好多了，最后我也带着积极乐观的情绪给这一天画上句号。感谢你出现在我的生命里。”

毫无疑问，这样一来您和孩子的情感需求都得到了满足。也许还能启发孩子也在某一天对您说，感谢您成为他的父母。

感恩日记

对于还很小的孩子来说（三或四岁以前，他们对日子的概念还很模糊），写感恩日记会是一种妙趣横生的体验。例如，在每个周日晚上（您来确定写日记的时间以及什么时候提醒孩子），给孩子挑选一个专门用来做这个练习的精美笔记本，打开新的一页，让他写下一周内遇到的美好的事，最多五至六行。听听他有什么建议，如果没有什么想法，您就给他提几条，问问他是否觉得有必要写在日记里。

还可以在感恩日记里贴上照片（关于经历过的事）或者图画（您自己画的或者孩子画的）。在他还不识字的时候，翻翻日记，很容易就能回忆起过去的事。您也许想到了在一周之中拍的照片，放在周日晚的日记里。孩子玩上瘾了，肯定会主动去写日记的！

无论在什么年龄段，日记都是绝好的记录方式，可以用来记录过去一点一滴的足迹，让人带着积极的心态停下脚步回顾过往。正如弗洛朗斯·塞尔旺-施莱伯美言："感恩，只是重新体验一遍过去，却是一种更好的体验。"所以，赶紧行动吧！

庆祝每一天

长期以来，宗教仪式定下了日常生活的节奏：周日举行弥撒与聚餐，周五午餐会吃鱼，还有各种各样的节日（复活节、诸圣瞻礼节、圣诞节等）。宗教的影响现已大大削弱，但并不能因此而抛弃了基本的习惯：要在此时创造我们自己的传统！

传统并未过时，它一直是幸福家庭的支柱。它满足了人类的基本需求：归入一个群体，遵循群体的行为准则、秩序、习惯，以及参与定期举行的庆祝活动，并且得到认可，成为群体的一分子。庆祝自己的节日可以唤起孩子作为家庭成员的自豪感、培养集体意识、加强家庭纽带。

要创造自己的传统，可以通过细小的实际行动来庆祝每一天，也可以用个性化的方式庆祝主要的传统节日，或者选择家庭重大事件发生的日子来庆祝庆祝。

- ★ 每个周五，大家一起吃饭。
- ★ 周六早上，一起去市场。
- ★ 每周日晚上，一起做一份比萨。
- ★ 每个月的第一个周六晚上，全家人一起边看电影边吃爆米花。
- ★ 庆祝下一个季节的到来，准备一顿丰盛的饭菜，要包含接下来三个月的所有食材，或者与该季节相关的食物！比如，冬季的第一天晚上，可以满足一些特别的愿望（吃圆锥形栗子蛋卷、裹毛毯、堆雪人、喝热巧克力……），想想怎么装饰屋子，收集那个季节独有的大自然的宝贝……
- ★ 放长假时，孩子就能去爷爷奶奶家跟堂兄弟一起玩耍了，可以在花园里搭个帐篷，跟他们在里面一起睡一到两个晚上。
- ★ 编一首假期之歌，然后大家要牢牢记住，假期结束时大声唱出来。
- ★ 寿星在生日当天可以自己选择菜单。

虽然这些庆祝活动只是平凡日子的一小部分，或是家庭习惯，但首先它加强了家庭成员之间的联系，孩子和您全程都很开心……对于孩子们来说，这些感情交流的时刻会成为重要的情绪印记，乐观与幸福的印记。这将是贯穿一生的美好回忆！甚至还可能传递到下一代。

积极饮食

营养在孩子的人生中扮演着十分关键的角色，它关乎孩子的健康成长、大脑发育以及行为养成。在这个食物富足的年代，家长的“饲养员”职责比任何时候都重要。我们要意识到这一点，并牢牢记在心上，从孩子幼年时期就要培养其对美食的品位，给他提供最好的生命能量来探索大千世界。

在法国，80%专门为孩子制定的广告中所推销的产品完全与营养师的建议相悖：脂肪含量过多、太甜或太咸。由于广告的大肆宣传，再加上诱人的包装，孩子们十分喜爱的食品其实大多数都是“毒”药！逛超市的时候可要当心……

那么，什么都比不上家里做的，不是吗？实际上，也不一定！白糖、精制面粉、洋鸡蛋、打了农药的水果……家里饭菜的质量和营养价值也取决于使用的食材！

于是我们明白了：要做一位积极的家长，也要积极饮食！是时候培养合理的饮食习惯了。

不宜过多摄取的食品

你有注意到孩子异常兴奋、十分好斗吗？他每时每刻情绪都不稳定，是不是让你颇为费解？仔细观察，或者全家人一起讨论，却没人知道这是为什么。有没有想过这是因为饮食？事实上，糖、食品添加剂都会给您添堵，阻碍您成为亲切的家长，也会烦扰孩子。我们一起来看看这些可疑的配料和食物是什么，以及对小孩子身体机能的影响，以便更好地了解其运作机制。

糖：头号公敌

我们需要知道糖分摄入时身体有哪些反应，才能够充分理解糖对人体的影响。在胃里，糖和食品中的所有碳水化合物都会转化成人体所需的葡萄糖。

消化时，葡萄糖会进入血液给人体（肌肉和大脑）供血。身体会根据血液中葡萄糖的浓度和特性（比如，水果中的天然糖分或糖果中的人工糖分）做出调整，很大程度上会影响到人体器官（肝、肾、胰）以及荷尔蒙分泌（比如胰岛素）。

这便是问题的根源：当我们摄入人工糖分（即非自然糖分，不含营养与纤维）或者摄入了过量糖分，血糖含量便会达到峰值，胰腺就会受到刺激，产生大量的胰岛素进行调和……然后人体反而会缺乏糖分！

糖分缺乏会给人体造成“危险”，人体会分泌肾上腺素与去甲肾上腺素。这些“压力荷尔蒙”会让大脑过度活跃。激素分泌过多时，我们首先会感到疲惫（出现低血糖，时而伴有出汗或生病的状况），之后便是兴奋、焦虑、好斗，甚至易怒。

人体会产生谷氨酸——一种刺激性神经递质，它会让人产生不可抗拒的食欲，特别是吃糖的欲望，因为大脑会把它当作高速能量的来源。于是我们的身体便陷入了恶性循环！

四至八岁的孩子每天只需要摄入不超过15克（也就是三块）的糖来维持身体的运转，也就是一年大约5千克的糖分摄入。然而，根据INCA2[1]的调查研究结果，孩子们平均每天摄取99克的糖分，超过了正常标准六倍多。怎么会这样荒谬？原因有很多。

糖分摄入太频繁

身体把甜味视作势能的来源，糖的味道是如此受欢迎……这似乎“顺其自然”！可不幸的是，一天中，我们习惯于越来越频繁地摄取糖分：有些习惯根深蒂固，比如早餐必须带糖，孩子的下午茶也要带糖，每餐都要有甜点，这些都颇具争议。稍微吃少一点？喃！一小份甜食。我们孩子习惯于到处寻找甜味，一天中的休息时刻都在吃甜食，用糖来奖励孩子，也用“不给你糖吃”来惩罚孩子，庆祝活动时也是吃糖：生日蛋糕、雪糕，还在电视机前吃糖果！我们真的要意识到这个问题的严重性，改变我们的习惯。

糖分摄入过多

糖也在呼唤着糖：当我们摄入了糖分，便总是还想着再多摄入一

1 依据法国消费者权益组织在2010年的研究结果：法国国家食品消费调研。该调研由法国食品、环境、职业健康与安全署（INSES）每七年实施一次，用以分析与评估食物中含有的物质造成的健康风险。

些。在现代社会，糖得到大量生产，我们也逐渐增多了摄入量，直到超过了警戒线。我们吃的越来越甜，把糖添加到本来就含糖的工业品中，或是寻找能够满足我们味蕾的食品。

此外，企业家很快就明白了含糖越多，销量越好！如此一来，有些食品含糖量超标也就见怪不怪了。

★ 吃早餐时，您要是给孩子吃30克带有蜂蜜或者巧克力的谷物食品，那就达到规定的日均糖分摄取量的一半了，也就是7.5克的糖。如果再喝一杯果汁，就达到一天的上限了。

★ 为孩子选择下午茶：五块巧克力饼干中的糖分就达到一日的上限了（15克）！仅仅是一块玛德莱娜蛋糕就能达到规定限量的一半（7.5克），再加一盒夹层饼干，就翻倍了（30克）。一块草莓蛋糕或覆盆子蛋糕含有5克的碳水化合物，其中包含3.5克糖；而每个人的蛋糕包装里有六块蛋糕，那您自己算算吧！

★ 您更喜欢自制蛋糕？那建议您更改一下配方，因为一块200克的巧克力有一半都是糖（100克）。

★ 喝点饮料？一小罐苏打水含有35克糖！

★ 饭后吃点甜点？香草味的酸奶含有20克糖，焦糖奶油也有20克糖。

★ 准备庆祝活动之前也请您三思：巧克力糖衣杏仁含有25克糖。

这些结果触目惊心。在当今这个社会，糖尿病、肥胖症以及其他与糖分摄入过量相关的疾病正在迅速蔓延。含糖过多的食品，尤其是那些专门为孩子制作的食品是罪魁祸首。

精糖摄入过量

精糖无处不在，即便是您认为不含精糖的食品，其中也会隐藏着精糖！精糖可以用来充当食品定型剂、防腐剂或仅仅是用来刺激味蕾。一罐200克的番茄酱里含有12克精糖，200克的粗红肠中含有7克精糖，7片开胃薄脆饼干中大约含有2克精糖。一瓶100克的番茄沙司大概有四分之一都是糖（22克），火鸡排、蟹香鱼肉肠、浓汤、脱脂蛋黄酱、加工干酪、薄饼、加工食品、蔬菜罐头等食品中也含有大量的精糖。

人们将精糖视为葡萄糖浆、蔗糖、果糖、麦芽糖、麦芽糖糊精酶、淀粉以及其他衍生出的名称，看来精糖出现在大量的日常食品中。仔细阅读食品标签，您就会发现很少有不含精糖的食品！这些隐藏的精糖数量不比一般的糖少，这样一来我们很快就会超过规定的糖分摄入上限。

都是工业家的错！当我们用精制面粉或者白面粉，又或是其他含有精制产品的食材制作蛋糕时，便会摄入升糖指数（IG）高的糖分，会像白糖一样让人体达到血糖峰值：血液中糖分比例的不断调节会让人体器官疲惫不堪，从而引起相应的行为上的反应（焦虑、好斗）。

糖分摄入过多过频、精糖摄入过多——这便是我们需要面对的关于糖分的双重问题。在这个方面，我们对孩子负有巨大的责任。为了给孩子培养健康的饮食习惯，我们得采取两个重要措施：一定要慢慢减少食用含糖食品，用天然糖替代精糖。

小贴士

天然糖与精糖

精糖（又称白糖）从甘蔗或者甜菜中提取出来，经过了一系列工业加工：先将其原材料用石灰浆洗净，经过二氧化碳、硫酸的处理，再经过火烧、晶化、离心、过滤、褪色、再着色的加工处理。所有这些操作会除去其中包含的营养物质，加入一些化学物质。

摄取这些精糖以后，人体无法将其消化掉。为了吸收这些物质，人体会产生特殊的消化酶，这个过程中会消耗一些矿物质和维生素（特别是钙，这会导致骨骼疾病和骨疡疾病更容易出现）。此外，白糖会刺激肠道，肠道中会产生气体，引起便秘或腹泻。要消化掉这些精糖需要耗费很多能量，如果摄入过多并且过于频繁，会削弱整个人体机能，损害免疫系统。

相反，吸收天然糖分要容易很多。原因很简单：生吃成熟的果实，其中包含的可分解纤维可以放慢血液吸收葡萄糖以及胰岛素分泌的速度。控制好血糖含量，未来便没有荷尔蒙失调和不良的神经性反应！天然糖中也含有维生素、抗氧化剂、营养元素、水和可分解纤维，有助于肠道消化。

糖就像可卡因一样会让人产生依赖感，因此前方的路上还有很多困难在等着您，任重而道远。但您和孩子的身心健康都与之息息相关。

不易发现的“帮凶”：食品添加剂

磷酸盐

自1960年以来，磷酸盐的使用增加了三百倍。食品添加剂有各种效用，涉及食品的色泽、蒸煮、外观以及加工食品的保存，磷酸盐作为各种形式的食品添加剂存在于几乎所有食品中：加工食品、发粉、冰淇淋、干酪、苏打水、不粘米、巧克力条以及口香糖。毫无疑问，孩子（还有我们自己！）摄入过量了！然而，据说十个孩子里面就有两三个对磷酸盐过敏的，甚至20%的男孩都对磷酸盐过敏。

去甲肾上腺素是一种控制大脑神经连接中枢神经性兴奋的荷尔蒙，磷酸盐会妨碍去甲肾上腺素的产生，后果很严重：多动症、情绪不稳定、失眠、暴力行为、易怒、注意力无法集中、学习障碍、语言障碍、强迫症、抽搐……摄入白糖和面筋还会加重这些病症。

哈弗（Hafer）医疗食谱除去了所有食物中的磷酸盐，给多动症儿童带来了意想不到的疗效。一些北欧国家（德国、挪威、瑞典）通常采用哈弗食谱，这样可以避免麻烦的治疗方法，比如服用哌甲酯。

但磷酸盐并非加工食品标签上唯一可疑的物质（用放大镜仔细看看吧！）。

人工色素——食品标签上的E100至E199

食品标签上介绍人工色素的内容很少，但知道了它们是E100至E199添加剂以后便很容易识别出来了。人工色素会造成很多困扰，头痛、视力问题、过敏反应等。欧盟甚至还要求制造商在食品上添加一份忌用说明，假如会对儿童带来刺激性影响的话！这是警告您这些食物会对人体有害……

人工色素出现在专门给孩子吃的食物中，它掩盖掉了食物的真实情况，比如水果和蔬菜，往往会误导消费者。为了避免这种情况，我们要选择真正用水果和蔬菜制成的食品——这些在标签上明确地标了出来！

油及氢化（植物）脂肪或反式脂肪酸

与工业加工糕点、塑料包装的甜点、袋装蛋糕、劣质冰淇淋奶油、开胃饼干、人造奶油等说再见吧。人们使用食用油脂来替代昂贵的黄油、奶油和其他优质油，这样更便宜，保质期也更久。问题在于，这些氢化油会增加胆固醇偏高的风险，造成心血管疾病、糖尿病，以及体重暴增！所以要仔细阅读该食品的标签，最好食用纯奶酪（大部分情况下会在包装上写明）。

抗氧化剂丁基羟基茴香醚（BHA）与2,6-二叔丁基-甲基苯酚（BHT）

早餐的谷物食品、袋装（土豆）泥、口香糖、甜品调料等都含有这些抗氧化剂。然而，世界卫生组织指出它们会致癌，并且会扰乱内分泌腺。

苯甲酸钠

这一防腐剂（苏打水、果酱、水果蛋挞中的）疑似会导致孩子患上多动症。

谷氨酸盐（味精）

该添加剂主要是用来调味，因而常见于加工食品中：开胃饼干、蔬菜罐头、汤块、调味汁、熟食、盐、胡椒、面包、脱脂产品、蛋糕与饼干、加工甜点……并且所有这些食品包装上都写着“XX味”（“烤肉味”“奶酪味”“巧克力味”）。谷氨酸盐隐藏在这些名称之下：谷氨酸钠、精氨酸谷氨酸，还有蓖麻油或氢化大豆油。这种添加剂会刺激肠道，还会让孩子产生惊恐的心理状态，出现头痛、易怒、焦虑与身心疲惫的感觉。

为了孩子的健康，我们已经列出了很多需要避免摄入的食品，但还并不完善。以上给出的建议已经够多的了，看了让人心惊胆战。

当然了，要将科学数据和个人经验区分开来，不要将过敏和（对面筋、乳糖等）敏感混为一谈，也不要无缘无故地警告或者吓唬孩子。

我们当然不可能把孩子封闭起来，他们不可避免地在学校、在小伙伴之间、在生日活动中接触到这些物质。他们也许喝完了苏打水或吃完了糕点以后才会问问您的建议……偶尔让他们high一下吧，充分感受这些食物带来的乐趣！但既然您已经了解到了这些食物的危害，那就告诉孩子什么是真正健康的食物。以下是几点建议。

* 如果您发现孩子有这些表现：有股无名火、异常兴奋、突然冷漠或无缘无故情绪低落，找找孩子几个小时之前吃了什么东西。或许橱柜里放着些看似无害却应该要禁止食用的食物呢？

* 如果您已经察觉到孩子身上出现了上文描写过的严重症状，可以

试试利用假期时间进行为期一周的严格饮食控制。然后再慢慢地增加一些新的食品，并仔细观察孩子吃了以后有哪些反应。

* 孩子什么问题都没有？那再好不过了！不过，意识到了这些问题以后，重新检查一遍橱柜里的食物，当心吃了以后会引起过敏反应，以及没有营养价值的有害物质威胁人体健康。

优化购物车内容

稍稍调整橱柜和冰箱里的食物，再加上合理搭配，这样很容易就能培养积极的饮食习惯，您很快就能感受到这样做对全家人的裨益。非加工食品源自合理的农业经营，我们的基本原则就是青睐非加工食品（或很少食用加工食品）。现在我们来细致地考察一下主要食品。

有效搭配食材

别在超级市场里购买水果和蔬菜，最好选择小市场或小商贩。如果您别无他选，那就从专柜开始挑选吧，这样购物车就不会全是一些无用的或不太干净的食物。

开始购物之前，您要先列出一张详细购物清单，就按照之前为一周制定的食谱来列。严格挑选准备购买的加工食品。

最后，专门花点时间阅读您想要加入购物车的食品上的标签。简单地核对以下三点：

* 配料列表很长？那就赶紧放回架子上吧，因为它必然包含了一些不好的化学物质。

★ 配料内容以“糖”开头？也赶紧放回去吧。制造商会按照重要性来排列配料的先后顺序，那么这个食物里肯定含有大量的糖。

★ 大部分配料里都没有您熟悉的食物？比如淀粉或果糖？或者食品的其中一部分，比如蛋黄或奶粉？那就不要了，找找包含纯天然配料的食品。

您可能会觉得这样分析起来很乏味，但逐渐就能辨别出哪些才是符合新饮食习惯的食品，并且越来越快地在专柜找到它们。

您在家储存的“可疑”食品越少，孩子就吃得越少，然后很快他就能找到吃健康食品的乐趣。

水果与蔬菜：最好为有机

越来越多的研究结果表明，长期过多食用打了农药的食品会有患病风险，并且会造成内分泌失调。研究人员依据样本进行评估，然后推导出了这些风险。当然，有人指出，得吃好几公斤打了农药的水果身体才会起反应。但是这一说法忽视了三个因素。

首先，考虑考虑饮食习惯对今后人生的影响：多年食用打过农药的食品或者含有有害物质的食品，患病风险就会增加。

其次，购买打过农药的产品时，会在某种程度上感觉到，这种生产方式并不尊重生命、不尊重环境、不尊重客户，也不尊重生产者。还想着要把这种生产方式传递给下一代吗？

最后，有机水果和蔬菜富含维生素、矿物质与抗氧化剂，这些都源自传统农业的生产方式，并且更加美味。那么为什么要舍弃它们呢？

孩子不吃蔬菜？

注意您自己品尝蔬菜的方式：您吃蔬菜会像吃别的食物一样享受吗？

大胆地给孩子一些其他的选项：小西葫芦或四季豆？小红萝卜或玉米？梨或杏子？让他尝尝这些食物，直到他适应了新的口味，并且发现自己爱上了从前一口否决的食物。这是苏人（北美印第安人的一个部族）发明的老方法，屡试不爽。

另外，逛市场时让孩子自己挑选两种想吃的蔬菜。这也是让他尝试新口味的基本方法。

蔬菜最后总是变质？

从市场回到家里，花一小时清洗水果和蔬菜，给它们去皮去叶，然后冷冻起来。每晚只需要取出一至两小袋来做晚餐。这样可以避免浪费，并能够节省大量时间！

蔬菜和水果还很新鲜时，您还没想好怎么做的话，在心里想想以下几个问题：

* 把它们切成条状蘸着调味汁生吃？
* 把它们切成丁撒在煎蛋里？
* 切成片做成干酪丝？
* 做成蔬菜酱或果酱？
* 把它们切成碎末，和面粉、奶酪以及调味菜混在一起做成烙饼？
* 把它们添加到猪油火腿蛋糕里？

★ 就简单地用平底锅炒，倒上两勺橄榄油，最后再加上香料或者一点点酱油？

做习惯了以后，便不用担心想不出好的点子。把做成功的菜肴记在食谱本上，哪天没有主意了就可以打开看看，这是灵感的源泉！

面粉：不含面筋、非精炼

丢掉精炼面粉，一个崭新的世界便向您敞开大门：全麦面粉或半全麦面粉中含有大量谷物，不用质疑是不是真的！以下是几种常见的，并且方便使用的面粉！

★ 首先要介绍的是：一粒小麦面粉！它属于普通小麦的一种，具有广适性，将会替代您食用的传统面粉，且益处多多：它明显含有更少的面筋，更容易消化，血糖指数低。但用一粒小麦面粉制作饼干与蛋糕时注意，它的发酵效果不如小麦面粉好。

★ 相反，一粒小麦面粉的表亲——二粒小麦面粉（短的或“大的”二粒小麦），发酵效果同小麦面粉一样好，且更易消化，是制作蛋糕、面包、松圆甜面包的理想材料。

★ 米粉是必不可少的，它与其他种类的面粉都有关系。但别单独使用，不然会把其他食材弄得既脆又碎。

★ 玉米淀粉或土豆面粉会令面团更加轻柔（有时会被全麦面粉“染灰”）。它也能够使调味汁与奶油变稠，是制作奶油调味酱的理想素材。

★ 使用栗子面粉制作甜料会很美味，但必须另外添加一种轻质面粉（如米粉）或淀粉。这些规定同样适用于鹰嘴豆面粉。

小贴士

更改食谱

要保持健康的饮食习惯，不能只满足于用等量的全麦面粉替代之前使用的精炼小麦面粉。实际上，还需要（根据自己的喜好、熟练程度以及手头上有些什么样的材料）把两种不同的全麦面粉结合在一起使用。

例如，您的食谱上写明需要200克面粉，那就把这个量当成混合后的量。

- 甜食食谱（蛋糕派、薄饼、饼干等）：100克全麦面粉+100克杏仁粉或50克鹰嘴豆面粉+150克一粒小麦面粉或50克淀粉+50g栗子粉+100克二粒小麦面粉。

- 咸味食谱（蛋挞、蛋糕等）：50克昆诺阿苋粉+150克一粒小麦面粉或50克米粉+150克荞麦面粉。

在橱柜里多放两三个广口瓶，这是补充营养素的好机会！

★ 最后，想想含油面粉（杏仁粉、榛子粉）。除了富含钙、磷、镁和维生素E以外，还富含油脂，会让食物更加鲜美。

牛奶及其衍生品：选择植物营养品替代

市场上，植物奶或者其他牛奶替代品正迅猛发展。变换一下口味，体会各自的益处。

早餐喝一杯燕麦牛奶、杏仁牛奶或榛子牛奶再好不过了。再加点香草或巧克力会更鲜美，再执拗的人也无法抵挡如此美味。

如果孩子习惯了在面包上涂抹黄油，试试把杏仁酱或榛子酱抹在松脆的面包上，会特别美味。

对于冷冻过的酸奶和甜点来说，要是闭着眼睛品尝，根本尝不出大豆牛奶制成的酸奶有什么区别！在法国，椰奶制成的甜点也上市了。胆子大一点的话，尝尝山羊奶或羊乳制成的甜点或酸奶。

做菜时，用大豆奶油、椰子奶油、燕麦奶油和大米奶油取代鲜奶油，制作冷食（掼奶油、甜点）和热食（调味汁、猪油火腿蛋糕、干酪丝）都可以。

为什么不先自己尝试植物奶，然后鼓励孩子也去品尝呢？很简单！将150克的油料作物（杏仁、榛子或者腰果）浸泡一整夜，用一升清水冲洗然后混合在一起榨汁。最后再过滤一下杂质就行了。好好品尝！

糖：全糖及天然糖分

就如替换精炼面粉一样，也要把精糖替换掉。选择全蔗糖（黑砂糖或红砂糖）来替换粉末状的白糖，会稍稍带点焦糖的口味。特别要注意别把它跟红糖弄混（红糖在没有上色之前几乎跟白糖一样是精糖）。机器提取全蔗糖时能够保留其中的矿物盐、微量元素（镁与氟）、维生素和氨基酸。对于孩子，全蔗糖富含矿物质，吃了蛋糕上的樱桃也不会有蛀牙！

合欢蜂蜜甜性十足（按照食谱中的摄取量，两人最多一勺蜂蜜），其味道突出，且具有助消化的功效，还能起到镇定作用。这是唯一一种血糖指数较低的蜂蜜。

椰子糖的好处也很多。它来自椰子花的汁液，血糖指数很低，完全

小贴士

更改食谱

首先要做的是坚持减少摄糖量，大多数食谱中的含糖量都太高了。如果您的食谱已经含有200克糖，就要逐渐减少糖量了，最终与面粉的比例要维持在1:3。

然后再依据每种食品的甜性来调整糖量。那么可以用500克椰子糖，或合欢蜂蜜，或75克龙舌兰糖浆，或100克全蔗糖替代200克白糖。

对于一些蛋糕和饼干制作的食谱，为什么不把糖替换掉，代之以糖煮苹果、捣烂的香蕉或一些椰枣酱，再掺点水呢？它们的甜性极强，能够完美地融入大部分食材中，其美味无与伦比……而且没有额外加糖！

可以替代蛋糕中的白糖！

除此之外还有很多别的纯天然糖分，比如桦树糖浆、龙舌兰糖浆（需合理饮用），或槭树糖浆。味道都不尽相同，也各有各的特性。在网上找找那些既健康又美味的天然糖分来替代精糖吧！

食用油脂：源自“优质”类脂物

我们的大脑与细胞膜的70%由油脂组成。身体需要优质油脂，细胞也需要优质油脂：纯天然与初榨的油脂。

别再使用葵花油和花生油了，其功效不佳！还有很多其他的选择，完全可以把不同的油混在一起使用，特别是在制作调味料的时候。

橄榄油富含单不饱和脂肪酸、欧米伽3和抗氧化剂，无论生吃还是烹煮，都堪称完美。

核桃油、菜油和榛子油的口味更加独特，最好不要烹煮（用在沙拉、酸醋沙司、调味酱里），买几小瓶保存在冰箱里，不然很快就坏了。

试试用亚麻油、麦芽油、芝麻油或亚麻荠油与蔬菜搭配，生吃或烹煮皆可，其特性与味道都不同。

舍弃黄油

人们历来用橄榄油替代黄油，为什么不试试椰子油呢？它会让食物闻起来更香，还可以为很咸的菜“除臭”。纯天然与原生态的椰子油是最健康的油类之一：油脂不易堆积，富含月桂酸（母乳中也有），抗菌效果极强。

重新审视盘中餐

您负责制定食谱，孩子可以自行决定食物摄入量（别相信权威机构的检测和所谓的“锦囊妙计”，也不要鼓励孩子吃得更多）。想要做出营养均衡的完美菜肴，参考以下建议。

★ 一顿饭里大约要有50%的当季蔬果，最理想的方式是一半生吃，另一半蒸煮、焖或放进中型烤箱，这样能够保留原有的维生素和矿物质。

★ 一顿饭里要有25%的全麦谷物或含淀粉的食物：土豆、面团、大米或者全麦面包、玉米粥、二粒小麦、大麦、昆诺阿苋、粗面粉、布格麦等。

★ 一顿饭里还要包含25%的动物蛋白（最好是鱼、鸡蛋、少量的白肉）或植物蛋白（鹰嘴豆、小扁豆、四季豆、豌豆等）。晚餐吃点豆类食品，因为孩子在午餐时很可能已经摄入了植物蛋白。

照这样的比例，可以创造出数不胜数的搭配方式！孩子喜欢多姿多彩的事物，他们吃着丰富多彩的菜肴会十分开心。

偶尔（一周两到三次）用乳制品（最好是奶酪或者酸奶）、红肉，再或者甜食、苏打水或一定量的加工蛋糕来代替蛋白质那一部分的比例。

喝起来！

人体的75%由水构成，好的水合作用对于人体与大脑一整天中的正常运转是不可或缺的。

但孩子具体该怎么做呢？一天至少喝八杯水，即1.2升！您确定孩子达到这一要求了吗？没有，因为孩子很难察觉出口渴的感觉，也比成年人更容易脱水。您要是想帮助孩子提高思辨能力、记忆力、理解力等等，最好鼓励他多喝水！

这其中的技巧在于，把需求变成习惯：一天中选择八个关键的时刻来喝水。例如，上学之前、上午休息时、吃午餐时（喝两杯）、下午茶时、做作业时、吃晚饭时，还有睡觉前。坚持一个月，即便到时候家长不在身边，孩子也会养成经常喝水的习惯！

您也可以在孩子看得见、够得着的地方设置一个“喝水角”来鼓励他喝水。准备一个大肚瓶，倒满水，准备几个好看的小杯子、吸管，再放进一些冰块、小红果、几瓣橙子或柠檬、一片薄荷或罗勒，这些都可以鼓动孩子自己主动喝水。

喝水也是应对情绪危机和怒火的良方！未得到充分水合作用的大脑和细胞会“交流不畅”，水合不足也会导致疲劳、头痛以及肌肉酸痛。

一旦发现孩子莫名地紧张和焦虑，建议他稍稍休息一下，喝杯水。如果情绪危机爆发了，让他喝一小瓶水或用吸管喝水。除了让大脑重新进行水合作用以外，闭上嘴、用鼻子深呼吸，立马就可以得到放松。神奇吧？

如何选择饮品？

只有喝纯净水才能排除毒素，保持人体代谢平衡。最好给孩子选择含有少量矿物质的水，其中的污染物越少越好。那么您有三种选择：瓶装水、过滤后的自来水或者经过反渗透的纯净水。

瓶装水

瓶装水价格较高，而且也不一定健康。如果要选择瓶装水，最好选择水源中包含较少矿物质的那种。还要注意，购买了瓶装水以后别放太久：塑料瓶中包含的酞酸盐、双酚A与其他化学物质跟自来水里的污染物残渣比起来也好不到哪去！

过滤后的自来水

从细菌学的角度来看，多亏有一套严格的健康审查标准，自来水总的来说无懈可击！然而，自来水中也包含各种各样的化学残渣：

* 硝酸盐。农肥中会包含硝酸盐，它会渗进土壤，接着渗进水源，然后进入我们的日常饮用水之中。受高温影响（遇到煮面团、蔬菜等的热水），硝酸盐就会转变成致癌的亚硝酸盐；
* 氯气。水中添加氯气是为了防止细菌传染，但也会损伤消化道；
* 石灰石。它会让水壶积下水垢，也会让人体产生结石！
* 各种微污染物（杀真菌剂、杀虫剂、工业品、重金属、药品与抗生素）都难以被过滤掉；
* 水管中也含有细菌。

活性炭可以起到杀菌的作用。这种材料的主要性能就是吸附作用（是的，你没看错），它会以可逆的方式固定一些气态或液态分子：就像一块磁铁一样，将自来水中的有毒分子或化学分子（主要是氯和铅）吸过来，因此通常用于（塑料或玻璃的）过滤杯。您也可以直接将小棒形状的纯碳在大肚瓶或小瓶中放几个小时。

注意卫生使用瓶中的过滤器，以免活性炭失效（也不会让其自身变成细菌的巢穴）：把手洗干净再接触过滤器，要经常用水清洗过滤器内部，其效果不佳就要及时更换，及时清理过滤器中残留的水。注意购买的过滤器中不能含有碘化银（使用了一个月以后，这种有毒的重金属会溶在水中）。

您可以选择在洗涤槽上方或下面安装一套活性炭过滤系统来避免这些日常操作中的麻烦事，它能够有效清除有毒的残留物。

经过反渗透的纯净水

由于人体血液中含碘量过高、氧化程度过高、毒素太多，一些所谓的“文明病”（癌症、心血管疾病）层出不穷。有些研究人员提议喝稍含酸性的水（PH值小于7，而自来水受氯气和石灰石的影响是呈碱性的），并且水中含有的电子不会将细胞氧化掉，其纯度也要足以清除人体中的毒素，从而避免对人体造成损害。要喝上这种“十全十美”的水，反渗透设备必不可少。

把反渗透设备安装在洗涤槽上方或下面，借助水龙头的压力将水净化掉。简言之，经过“反渗透”的水会经过活性炭过滤器（告别氯和铅），然后再经过一个极其精细的微型穿孔膜，将水中所有的污染物（细菌、微生物、硝酸盐、石灰石）都拦截掉，只有氧分子和氢分子可以通过。

纯净水的功效：使细胞重新发生水合作用来抗氧化；让人体较好地吸收水中包含的维生素、微量元素、矿物盐；人体（通过排泄、排汗）能够有效地排除毒素，达到清洁目的。

这种设备有两个弊端：价格高昂，并且体积庞大。但它弥补了水质本身以及过滤器的不足之处，无论是直接饮用还是做饭使用，都可以为人们一劳永逸地提供高质量的纯净水。

没错，我们的孩子都有超能力！

有些说法由来已久，并且有目共睹：孩子能让我们对自己“不可动摇”的原则产生怀疑；他原本还离自己十米开外，眨眼的工夫就窜到了面前；变身完美小精灵，向一块碎饼干施展魔法（这都是家常便饭了！）；他明知您什么时候去蹲马桶，却还问“你在哪啊啊啊啊啊啊啊？”；他像超人一样，在家里的所有墙上留下手印，您费了九牛二虎之力才能涂掉，而他又单凭一个拥抱、一个吻、一句甜言蜜语就能瞬间融化你的心……没错，不用怀疑，我们的孩子有超能力！

许多教师、研究者和专家都研究过孩子的行为，通过这些研究结果，我们可以了解到孩子拥有全人类固有的超能力：

* 他生来就是永葆好奇心的探险家；
* 他有一个超强大脑，能够坚持不懈地学习，并且随着阅历逐渐丰富，专业能力变得越来越强；
* 他天生就懂得善待自己的同类；
* 他能够做到心无旁骛，并且还能巧妙地利用自己的感知能力；
* 仅仅通过事先观察自己同类的行为，就知道自己需要独立

自主；

★ 他知道要在尊重他人的前提下按自己的意愿行事；

★ 他想要去理解周边的一切，想要完全融入自己的家庭中，并且希望得到无条件的爱；

★ 他能够对日常生活中的寻常琐事都饱含热情。

孩子潜能的挖掘与发展问题萦绕在每一位父母的心头，而需要理解的是，我们要做的只是去发掘超能力，这些关于换位思考、专注力、独立自主、合作意识、大公无私与展现智慧的超能力。为孩子打造一个适合其发展的环境，带着开放和友好的心态与他相处，这就够了。无需特殊的材料与方法，一把螺丝刀，护膝，换位思考意识，真正地尊重孩子的内心秩序，这些便构成了超级家长的必需品。

童年是一段神圣的时期，为往后的成年经历奠定了基础。为人父母，我们需要放慢自己的脚步，尊重孩子的生活节奏。要敢于放下自己过往的信念和原则，既要做孩子的榜样，又要做一个日常生活中默默无闻的观察者，还要做一个有创造力的陪伴者，准备好迎接寻常生活的每一天，让每一天都丰富多彩。

假如我们能够扮演好自己为人父母的角色，那么每天都会感受到玛丽亚·蒙台梭利曾经的感慨：“我像一位农妇一样在田里劳作，将小麦种子储存好了以后，发现了一片可以自由耕种的肥沃土地。我还没有怎么翻土，就发现了埋在地里的金子……我感觉自己就像疯狂的阿拉丁一样，始料未及的是，手上拿着一把能够开启未知宝藏的钥匙。”（《儿童》，1936年）。

愿玛丽亚·蒙台梭利的热情能够给您带来启迪，并与您长久相伴，最终帮助您发掘孩子的超能力。

致　谢

感谢加里和加斯帕尔！感谢他们帮助我进步和完善，让我成为更好的自己。

感谢弗里德充满爱意与幽默的一路陪伴，让我在亲子教育和家庭关系的道路上勇往直前。

感谢我们的父母和祖父母，感谢你们赐予我们的一切。

感谢来自蒙氏彩色幼儿园的所有人，感谢你们多年来用亲切和爱心照顾我们的孩子，帮助我们共同成长。她们是：法比安娜、克莱尔、伊莎贝尔、伊丽莎白、哈比芭、于斯汀……

感谢朋友们无条件的支持与帮助：克莱尔、马克、维吉妮、帕斯卡、塞琳娜、尼古拉、马修、迪迪耶、卡普辛、帕斯卡尔、希尔万、于尼奥尔、卡特琳娜……

感谢那些在工作和生活中邂逅的人们：丽迪·巴鲁索、奥德·勒迈特尔、阿兰·拉米耶（外号“兔脚”）、尚达尔·安德雷、哈维耶·吉贝尔、贝特朗·巴雷、艾玛·特里耶和欧万·吉雷尔，还有在“No Milk Today”活动中给予我们密切关注的所有专家。

感谢Marabout出版团队的热情与专业，尤其感谢奥利维亚·玛肖·埃斯珀斯托坚持不懈的投入。

感谢我书中的小模特们：艾米希、霍滕斯、巴尔塔扎和加里，还有他们的父母和兄弟姐妹。感谢摄影师玛琳娜·波隆。

感谢玛利亚·蒙台梭利、杰斯珀·朱尔、阿尔菲·科恩、丹尼尔·西格尔、哈伊姆·吉诺、让内特·图勒蒙德、奥利维耶·莫雷尔、卡特琳娜·盖冈和塞琳娜·阿尔瓦蕾，感谢你们为所有家长探索儿童的世界，分享孩子们的感受、智识和信念，让我们成为拥有超能力的最佳启蒙者！

No Milk Today!

奥黛丽·素绮曾是一位营销战略咨询师，在儿子满两岁时她启动了“No Milk Today”计划。该网站基于蒙氏教学法和近年来有关儿童大脑的相关研究成果，推出一系列创新教具，打造儿童规格的成人家务用品，鼓励孩子独立自主地实践家庭任务。

父母们的日常任务对孩子是一种挑战，“No Milk Today”同时通过电子月刊的方式竭力为家长提供帮助。刊物上包含各领域专家（自然疗法医师、芳香疗法医师、营养师、亲子教育辅导、蒙氏教育专家、厨师、经验丰富的学校辅导员……）的各种有效建议和亲子活动推荐，旨在为营造和谐愉悦的家庭环境添砖加瓦！

在www.nomilk-today.com官方网站上，我们推出了三大工具包：

* 自理自主，帮助培养孩子晨间与晚间的自理能力，提供日常天然药物疗法建议。
* 做饭和用餐，鼓励孩子独立吃饭、优雅用餐，帮助孩子掌握必要的下厨技巧。
* 我和我家，鼓励孩子和您一起展开家务劳动，帮助您制造多个蒙氏活动托盘。

为什么叫作“No Milk Today”？因为几乎所有18~24个月月龄的孩

子都会在某个早上突然宣布：“今天不想喝牛奶！”或是“我要自己来！”他们是在表达自己想要长大的意愿和独立自主的权利！此时此刻，家长们只需牢记玛利亚·蒙台梭利的名言：“帮助我独立完成！”

No Milk Today

为孩子量身打造的物品

为父母精心总结的观点

让人们从此过上愉悦舒适的蒙氏日常生活